복 있는 부모는
자녀 교육은 부모의 크기만큼

정민규 (루카스 제이)

작가, 편집자, 번역가. 또또규리 출판사 대표.
좋은 삶을 살고 그것을 좋은 글로 쓰고 나누는 것이 꿈인 사람.
필명 루카스 제이. 글로써 세상에 작은 빛이 되고 싶은 소망이 담겨 있다.
성균관대학교 불어불문학과에 입학하여 신문방송학과를 복수전공하고 졸업했다. 고려대학교 일반대학원 신문방송학과에 입학하여 온라인 커뮤니케이션 세부전공으로 석사학위를 받았다.

대한예수교장로회에 속한 교회에 출석 중인 작은 성도. 늘 부족하지만 그부족함에 머물지 않고 언제나 주님 안에 거하고자 하는 마음으로 살아가고 있다.
'성경 중심 일상 통찰'을 목적으로 하는 AIM(All Insight Media, 홈페이지 www.aiminlove.com) 대표. 스스로에게 굉장한 의미로 다가왔던 문서사역을 받아본 경험과, 이후 기독교 출판사에서 단행본과 가정예배지로 잠시 문서사역했던 경험을 토대로 글쓰기로 하는 전도 사명을 수행하고 있다.

저서로 〈인생과 운전〉〈네 나이에 알았더라면 인생이 달라졌을 거야〉〈사는 게 낯설 때〉〈글 쓰는 마음〉 등이 있다.

"예수님 마음 받아 사는 큰 부모 되어 우리 자녀들을 큰 자녀로 키워 봅시다."

자녀 교육은
부모의 크기만큼

복 있는 부모는

정민규(루카스 제이) 지음

또또규리

또또규리 출판사

또또규리 출판사의 슬로건
"세상에 필요한 책을 만듭니다."

인생과 세상의 변화를 위한 다양한 주제를 깊이 있게 다룹니다.

출판사명 '또또규리'는 두 딸의 애착인형 이름을 합한 것으로,
자녀가 보기에도 좋은 책을
정성스럽게 만들고자 하는 마음을 담았습니다.

****

또또규리 출판사의
유익한 메시지를 여러 채널로 만나 보세요.

유튜브 @ttottokyuri
인스타 @ttottokyuri
홈페이지 https://blog.naver.com/ttottokyuri

****

또또규리 출판사의
새로운 메시지와 소식을 받아 보기 원하시면

또또규리 출판사의 이메일 aiminlove@naver.com으로
독자의 이메일 주소만 알려 주시면 됩니다.
일주일에 한 번 이메일로 또또규리 출판사의
새로운 메시지와 소식을 보내 드립니다.

가정을 이루어 주신 것과

제 삶의 모든 것

하나님께 감사드립니다.

사랑하는 혜자매(인혜, 혜민, 혜리) 님에게

이 책을 바칩니다.

차례

프롤로그
자녀 사랑을 위한 길

부모가 된다는 것은 기적과도 같습니다. 부족한 내가 자녀의 양육자가 되어 보호하고 인도해 줄 수 있음은 특권 중의 특권이요, 하나님이 내게 주신 자녀는 상급(賞給) 중의 상급입니다.

저 자신을 보면 부족하기 짝이 없지만, 그럼에도 그 부족함에 그치지 않고 잘못은 고치고 모자람은 채우면서 앞으로 앞으로 성장하며 나아가려는 것은 단지 나 자신의 인생뿐 아니라 내 자녀의 인생에도 도움이 되고 싶어서입니다.

먼저 무엇이 필요할까요? 당연히 회개(悔改: 잘못을 뉘우치고 바로잡음)입니다. 하나의 인격체로서 나의 부족함과 죄, 과실(過失: 부주의나 태만 따위에서 비롯된 잘못이나 허물)을 뉘우치며 고쳐 나갈 때 부모로서 마땅히 갖추어야 할 모습을 갖추어 나가게 될 것입니다. 이것은 곧 사랑을 위한 준비이기도 하지요.

자녀 사랑을 위한 길은 하나님 사랑을 전하는 것에 있습니다. 나 자신이 하나님 축복의 통로로서 자녀들에게 나아가는 것이지요. 이것은 위대한 사명(使命: 맡겨진 임무)입니다.

부모가 자녀에게 끼칠 수 있는 영향력은 실로 대단합니다. 물론 이때 중요한 것은 자녀를 나의 자녀이기 이전에 하나님의 자녀로서 보는 것이고, 또한 독립체로서 보는 것입니다. 그때 우리의 마음 자세가 본질적으로 달라질 것입니다.

이 책에는 부모가 자녀 사랑과 양육을 잘해 보고자 할 때에 우리가 특히 고민하고 숙고해 보아야 할 것들을 담았습니다.

모든 일에서 하나님 믿는 그 믿음 안에서 행함이 있는 부모가 되기를 소망합니다.

"우리 가족이 건강하게, 담대하게, 쿨하게, 멋지게 살게 해 주세요."

밤에 가족이 함께 기도를 하고 잘 때가 있는데요. 둘째 딸 (이 글을 쓸 당시 8세)이 기도를 하고 싶어 합니다. 그 마음이 예뻐서 대표기도를 하게 합니다. 둘째 딸이 자기 전 기도를 담당한 지가 꽤 된 듯하네요.

둘째 딸은 아빠, 엄마, 언니, 본인 순으로 기도 제목을 정해서 기도하는데 주로 건강하게 사는 것, 꿈을 이루는 것을 기도합니다.

아, 둘째 딸은 그 전에 아빠, 엄마, 언니가 오늘 하루 수고한 것에 대해 기도를 합니다. 열심히 살지 않은 날은 뜨끔합니다.

이래서 자녀는 화살통의 화살인가 봅니다.

(시편 127:3) 자식은 여호와의 주신 기업이요 태의 열매는 그의 상급이로다

(시편 127:4) 젊은 자의 자식은 장사의 수중의 화살 같으니

(시편 127:5) 이것이 그 전통에 가득한 자는 복되도다 저희
가 성문에서 그 원수와 말할 때에 수치를 당치 아니하리로다

좋은 인생(과녁)을 위해 착한 마음가짐을 가지고 바른 언행
(화살)을 하게 하니 자녀는 우리 인생의 승리를 준비시키는 화
살통의 화살이 분명 맞습니다.

이처럼 부모가 인생을 살아갈 때에 귀하디귀한 자녀를 바라
보며 살기만 해도 잘 살 수 있으니 우리는 늘 하나님이 내게 주
신 상급인 자녀를 생각하며 개인으로서의 삶, 부모로서의 삶
을 반성하고 개선할 일입니다.

요즘 둘째 딸의 자기 전 대표기도에 우리 가족이 이러이러하
게 살기를 바라는 기도가 포함되었는데요. "우리 가족이 건강
하게, 담대하게, 쿨하게, 멋지게 살게 해 주세요." 합니다. 둘째
딸 스스로 이러한 기도 제목을 정해서 기도하고 있습니다.

저는 이 기도를 들으면서 '정말, 정말로 그렇게 살고 싶다.'고
생각하게 됩니다.

건강하고 담대하고 쿨하고 멋진 삶.

　# 정신과 육체가 '건강'한 삶
　# 용기 있는 '담대'한 삶
　# 여유를 갖고 시원시원하게 사는 '쿨'한 삶
　# 하나님의 뜻에 순종하여 은사를 발휘하며 사는 '멋'진 삶

　건강 / 담대 / 쿨 / 멋.

　주님 안에서, 사랑 안에서 그 같은 삶을 살 수 있겠지요. 기도와 말씀이 우리로 하여금 그런 삶을 살아가게 합니다.
　다음과 같은 기도를 올려 드립니다. 오늘 아침에 들은 어느 찬송을 참고했습니다.

　나를 다 포기했을 때 나를 세우시는 주님, 나를 절대 포기하시지 않는 주님, 나를 영원히 사랑하시는 주님.
　오늘 하루를 건강하고 담대하고 쿨하고 멋지게 살기를 원합니다.
　정신과 육체가 건강하고, 용기가 있어 담대하며, 마음이 시원시원하여 쿨하고, 하나님 뜻 따라 은사를 성실히 사용하는 멋진 삶을 살기를 간절히 원합니다.

주님, 오늘 하루를 주님께 바치오니 주님께서 제가 그와 같은 삶을 살 수 있도록 저의 마음을 주장하여 주옵소서.

기쁨과 감사로 주님의 부르심과 쓰심에 화답하는 삶을 살고자 합니다.

주님, 저를 이끄소서. 저를 변화시켜 주소서.

언제나 감사를 드립니다. 주님께서 베풀어 주시는 그 기쁨을 가족과 이웃과 함께 나누겠습니다.

부모 역할 중에서 가장 중요한 것

부모의 역할 중에서 가장 중요한 것은 무엇일까요?

자녀가 힘들 때 언제든 말할 수 있는 대상이 되는 것. 그렇게 언제나 자녀에게 마음을 열어 놓는 것입니다. 자녀는 부모와 마음을 나누면서 마음이 커 갑니다.

마음이 커 간다는 것은 구체적으로 무엇을 의미할까요? 평안함과 강건함입니다.

부모의 열린 마음이 자녀로 하여금 인생을 살아갈 때에 가장 중요한 마음의 평안함과 강건함을 지니고 살아갈 수 있도록 해 줍니다. 마음의 평안함과 강건함은 몸의 건강과도 직결되지요.

부모 역시 자녀와 소통하면서 마음을 키워 갑니다. 이렇게 자녀와 소통하며 함께 성장하는 부모가 좋은 부모입니다.

부모의 사랑

편집을 맡았던 〈BTS 덕분에 시작하는 청소년 심리학 수업〉(김현경 지음, 명진서가)은 청소년의 성찰과 성장, 성숙을 위한 책인데요.

　김현경 저자는 책에서 사람에게 꼭 필요한 부모의 돌봄에 관해 다음과 같이 썼습니다.

　사람처럼 태어난 뒤에도 오랫동안 많은 돌봄이 필요한 존재는 없습니다. 대부분의 동물은 태어나면 곧 눈을 뜨고 걸을 수 있습니다. 한동안 부모가 먹이고 보호해줘야 하긴 하지만, 혼자 살아남을 수 있게 되는 데까지 몇 달, 길어야 2~3년이면 충분합니다. 사람은 턱도 없습니다. 한 사람이 충분히 제 역할을 할 만큼 자라나기 위해서는 20년 가까운 시간 동안 누군가 헌신적으로 돌봐줘야 합니다. 부모의 사랑이 위대한 이유입니다.

　　　　– 김현경, 〈BTS 덕분에 시작하는 청소년 심리학 수업〉

참으로 그렇죠. 인간이 그렇습니다. 부모가 20년 가까이 제대로만 자녀를 사랑해 준다면 한 인간의 잠재력이 그대로 그의 생활력이 되어 세상에 선한 영향력을 행사할 수 있는 존재가 바로 우리 인간입니다.

물론 누구 하나 빠짐없이 모두 다 부족한 인간이지만, 우리가 부모의 역할을 맡은 이상 자녀에게 좋은 영향을 주어야 할 것입니다.

자녀에 대해 부모 각자의 부족함이 있다면 그것을 돌아보고 돌이켜야 할 것입니다. 부모의 역할은 너무나도 중대하기 때문입니다.

자녀에게 잘하면 부모 자신이 인생을 잘 살게 되는 것은 두말할 필요도 없지요. 저 역시 부모로서 많이 부족하지만 매일매일 하루하루 조금씩 나아지도록 해야겠습니다. 부모의 인격이 매일 조금씩 좋아진다면 부모의 매일의 생활 가운데에 그것이 드러날 것입니다.

(에베소서 6:4) 또 아비들아 너희 자녀를 노엽게 하지 말고
오직 주의 교양과 훈계로 양육하라

어린이와 시계는 계속 태엽을 감으면 안 된다

"어린이와 시계는 계속 태엽을 감으면 안 된다. 그냥 내버려
두기도 해야 한다."

위와 같은 말이 있더군요. '어린이와 태엽'이라고 하면 어린
이를 수동적인 대상으로 생각하고 이렇게 표현한 듯도 한데,
그렇게까지 생각할 필요는 없어 보입니다. 오히려 어린이를 주
체적인 대상으로 여기라는 말로 받아들이는 게 좋겠지요.

특히 한국의 부모들은 아이를 독립적이고 주체적으로 키우
는 데 서툰 편입니다. 현재의 젊은 부모 세대부터 고쳐 나간다
면 우리도 스스로 당당한 청년들을 키워 낼 수 있겠죠.

자녀들을 지켜보면 실제로 아이들은 그냥 놔둘 때 스스로
생각하고 행동하며 자라는 것을 느낍니다.

이것저것 만들어도 보고, 서로 놀 거리를 구상하기도 하고,
이런저런 대화도 하고······.

이때 아이들은 어른이 생각지 못했던 것들을 해 나갑니다. 새로운 걸 해 보고, 즐겁게 웃고, 아이들끼리 함께하며 행복해 하고…….

어른의 문제는, 자기도 어렸을 때 그랬다는 것을 잊어버린 것이 아닐까요? 우리가 그렇게 컸는데 말이죠.

위의 말처럼 어른이 아이의 시계태엽을 빨리 감으려고 하면 안 되겠죠. 자녀 양육은 부모 욕심과 반비례일 수 있다는 생각입니다.

어른이라면 단 3초만이라도

어른으로서 나의 생각과 말과 행동이 아이에게 끼칠 영향을, 그것이 무엇이든 단 3초만이라도 생각해 본다면 나의 생각과 말과 행동은 전면적으로 바뀔 수 있을 것입니다. 당연히 좋은 방향으로 바뀌겠지요.

이런 습관은 단지 어른이 아이를 대할 때뿐만이 아니라 어른이 어른 자신으로서 인생을 살아갈 때에도 중요한 삶의 전환점으로 작용할 수 있을 것입니다.

가정에서 반드시 이루어져야 하는 수업 세 가지

❶ 감정 수업
❷ 이성 수업
❸ 대화 수업

❶ 감정 수업

자신의 감정을 읽어 내지 못한다면 자기 자신에 대해 알기 어려우며 타인과 공감하는 것도 결코 쉽지가 않을 것입니다. 초등학교 2학년(이 글을 쓸 당시)인 둘째 딸이 어제 학교에서 했던 '아홉 살의 마음사전'을 보여 주었습니다.

노트에 '감격스럽다', '다행이다' 등의 감정의 단어를 적도록 하고, 언제 그런 감정을 느꼈는지를 적는 것이더군요. 자신의 경험과 감정을 매칭해 보는 좋은 수업이라는 생각이 들었습니다.

이렇게 글로 적어 보지 않더라도 우리는 내가 경험한 것에 대해 내가 무엇을 느꼈는지 생각해 볼 수 있습니다. 그러면서 상대방의 감정까지도 생각해 볼 수 있겠지요. 이러한 연습을 격의 없는 대화를 통해 가정에서 해 나갈 때 자녀는 밖에서도 감정의 교류를 원활하게 잘해 나갈 것입니다.

❷ 이성 수업

모든 일은 생각하기 나름이지요. 우리가 감정에 휩쓸리지 않고 이성적으로 좋은 판단을 할 수 있으려면 판단(判斷: 사물을 인식해서 논리나 기준 등에 따라 판정을 내림) 과정을 경험하고 훈련해야 합니다. 감정이 앞서는 부모가 아니라 사안에 대해 이성적으로 분별해 보는 부모라면 자연스럽게 자녀에게 이성적 사고 습관을 물려줄 수 있을 것입니다.

❸ 대화 수업

사람들이 스트레스를 받는 가장 큰 이유는 바로 소통이 되지 않기 때문일 것입니다. 소통을 하려면 자신의 마음을 제대로 표현할 줄 알아야 하는데, 그래서 대화가 중요한 것이죠. 말을 하고, 말을 듣는 방법을 우리는 배워야 합니다. 하루에 10분이라도 아이와 차분하게 대화하는 시간을 가지면 좋겠습니다. 물론 지나치게 판단을 내리려 하거나 평가를 하려고 하거나 하지 말고 열린 마음으로 들어야겠죠. 아이에게 질문을 했다면 대답을 차분히 기다릴 줄도 알아야 하고요. '대화 수업'은 아이가 표현을 잘하도록 하기 위함이니까요.

그러고 보면 부모가 자녀와 함께하는 모든 시간은 수업이 됩니다. 수업이라는 점에 대해 부담을 가질 필요는 없지만, 부모라면 자녀에게 모범이 되어야 함은 당연한 것입니다. 그것이 부모의 인격과 인생을 성장시키는 최고의 비결이 되기도 합니다. 부모가 성장해 나가면 자녀는 그 혜택을 그대로 받습니다.

어른이 어린이에게

어린아이에게 배려심을 가지고 잘해 주어야 하는 까닭을 어른인 우리는 이미 잘 알고 있습니다. 아이에게 우리가 1의 사랑을 주었다면 그 사랑은 그 아이의 지금의 인생에서뿐만 아니라 앞으로의 인생에서도 100, 1000, 아니 무한대의 효력을 낼 수 있기 때문입니다. 이처럼 세상에서 가장 중요한 효력을 내는 것이 어른이 어린이에게 해 주는 사랑입니다. 이것이 부모의 제일의 역할이자 존재 이유 그 자체죠.

그러나 우리가 이러한 사실을 잊고 내가 힘들고 내가 바쁘다고 아이들을 애정 없이 대한다면 사랑의 효력이 극대화될, 인생에서 가장 소중하고 중요한 영유아기와 유년기, 청소년기는 금세 지나가 버리고 말 것입니다. 후회해도 소용없습니다. 인생의 시계를 거꾸로 돌릴 수는 없으니까요.

저는 두 아이와 함께하면서 시간이 속절없이 빠르다는 것을 많이 느낍니다. 그래서 부족하지만 내가 이 소중하고 중요한

시기에 할 수 있는 것을 나름대로 찾게 됩니다. 사실 저의 경우 부족한 게 많으니 더 부지런히 찾아야 합니다.

여기서 부모-자녀 관계의 초점을 '아이의 정서적인 안정'에 두어야 한다는 것을 매일 느낍니다. 편안하고 유쾌한 분위기, 긍정과 긍휼의 관점. 이 기본 중의 기본, 핵심 중의 핵심을 지켜야 하는데, 이것은 곧 부모 자신이 형식이 아닌 본질로 선하게 살아야 한다는 것을 의미하겠지요.

인생을 살아 보면 중요할 때와 힘들 때 주는 도움의 가치가 어마어마하다는 것을 느끼게 됩니다. 제가 그 같은 도움을 받았고, 저는 그 같은 사랑의 힘으로 가족과 이웃을 돕는 것이 겠죠.

그리고 실은 아이들이 그 사랑스러움과 귀여움으로 우리에게 사랑을 어찌 보면 더 많이 주고 있습니다. 그래서 '부모가 된다는 것, 사랑을 배우는 것'이라는 말도 있잖아요.

어른이 아이에게 일방적으로 사랑을 주는 것이 아니라, 어른과 아이가 서로 사랑을 배워 가고 나누어 가는 것이라는 생각이 듭니다. 이러한 사랑의 유산이 가정에서 이어지기를 간절히 소망합니다.

그리고 더 넓게는 가정의 바깥에서도 어른들이 아이들에게 그러하기를 소망합니다. 아이는 소중하니까요.

언제나 사랑해

높음이나 깊음이나 다른 아무 피조물이라도 우리를 우리
주 그리스도 예수 안에 있는 하나님의 사랑에서 끊을 수
없으리라

- 로마서 8장 39절

여섯 살(글 쓸 당시)인 저의 둘째 딸은 아직 많이 어리니까 제
가 가급적 사랑 표현을 많이 해 줍니다. 어려서 받은 사랑이
커서도 위력을 발휘함을 저의 삶과 자녀들의 삶을 통해 절실
히 깨달았기 때문입니다.

자기 전에 가끔 물어봅니다.

"아빠가 혜리를 얼마나 사랑하는지 알아?"

그러면 딸은 이렇게 답합니다.

"우주보다 더!"

딸은 자기가 생각하기에 가장 큰 사랑을 저렇게 표현하는 것이겠지요. 우주보다 크면 그 사랑은 무한한 것이라고 보아야겠지요. 그런 점에서 보면 아빠의 사랑의 크기를 잘 알고 있는 것 같아 대견합니다.

딸아이가 "우주보다 더!" 하고 대답하면 저는 이렇게 말해 줍니다.

"혜리야, 잊지 마! 엄마 아빠는 '언제나' 널 사랑해!"

아이를 예뻐해 줄 때도, 혼을 낼 때도 부모는 자녀를 항시 사랑한다는 것을 자녀에게 알려 주어야 합니다. 제 아내가 아이들 교육을 위해 혼을 낼 때 그런 말을 자주 합니다. 이것은 부모에게 꼭 필요한 자녀 양육의 지혜라고 여겨집니다.

아이가 '언제 어느 때고 부모님이 자신을 사랑한다'는 것을 아는 그 앎이 아이가 인생을 살아갈 때 든든한 버팀목이 되어 줄 것입니다. 특히 부모의 사랑을 알면 삶이 힘들 때 쉽게 넘어지지 않고 더욱더 힘을 낼 수 있겠지요.

그런데 "언제나 널 사랑해!"라는 말을 딸에게 해 주면서 우리를 향한 하나님의 사랑이 떠올랐습니다.

'아, 하나님의 사랑을 알게 해 주시기 위해서 자식을 낳게

하셨구나!'

'우리가 자식에게 이럴진대 하나님은 과연 어떠하실까!'

정말로 아무리 생각해 보아도 저는 저의 두 딸을 단 한 순간도 예외 없이 사랑할 것입니다. 자식이기 때문에.

하나님의 자녀인 우리에 대한 하나님의 사랑을 부모의 사랑에 비할 수 있을까요? 참으로 변함없고 무한하며 자비로우신 하나님의 사랑에 감격하게 됩니다.

성경을 '인간을 향한 하나님의 사랑의 편지'라고도 하지 않습니까. 하나님은 죄인 된 우리를 구원해 주시고자 사랑으로 품어 주시는 사랑의 하나님이십니다. 그것도 독생자 예수 그리스도의 십자가 구원을 통해서요.

(요한복음 3:16) 하나님이 세상을 이처럼 사랑하사 독생자를 주셨으니 이는 저를 믿는 자마다 멸망치 않고 영생을 얻게 하려 하심이니라

(요한복음 3:17) 하나님이 그 아들을 세상에 보내신 것은 세상을 심판하려 하심이 아니요 저로 말미암아 세상이 구원을 받게 하려 하심이라

사랑에 대한 하나님의 약속은 영원히 변함이 없습니다. 이것이 하나님 사랑에 감사하고 감격하게 되는 이유죠.

내가 과거에 어떠했고 현재 어떠하든지 상관없이, 나를 변함없이 사랑해 주시는 하나님. 우리는 이러한 영원(永遠)한 언약(言約)의 하나님이 있기에 두려움 없이 인생을 살아갈 수 있습니다.

때로 불화든, 병이든, 빚이든 무언가가 원인이 되어 두려움이 밀려와도 하나님의 사랑에 나를 내어 맡길 때에 우리는 평안을 되찾을 수 있습니다.

그리고 하나님의 사랑 안에 있을 때 우리는 비로소 성장(成長)과 성숙(成熟)을 하게 됩니다. 하나님의 사랑을 배우면서요.

믿음을 선물로 받게 된 크리스천들은 모두 다 하나님의 우리를 향한 마음인 "나는 언제나 너를 사랑한단다!"를 알게 된 사람들입니다.

이러한 하나님의 뜻이 영원불변(永遠不變)하다는 것이 우리에게는 언제나 힘이 됩니다. 살아가는 이유가 됩니다. 우리는 이러한 하나님의 사랑을 나누어 주어야 하는 사람들입니다. 이것이 우리가 살아가는 목적입니다.

누구든지 그의 말씀을 지키는 자는 하나님의 사랑이 참으로
그 속에서 온전케 되었나니 이로써 우리가 저 안에 있는 줄

을 아노라

- 요한일서 2장 5절

이처럼 하나님의 사랑에 대한 믿음의 행동(行動)을 하게 될 때에 우리는 인생이 변화(變化)했다고 말할 수 있을 것입니다. 이렇게 하나님의 사랑으로 인해 날로 인생이 변화하는 부모가 되어 그 하나님의 사랑을 자녀에게 전해 줍시다.

완벽주의적이고 비판적인 부모

완벽주의적이고 비판적인 양육자가 완벽주의적이고 비판적인 자녀를 만든다(Amitay et al., 2008).

실수나 실패를 하면 한참 동안 자책하는 아이가 있습니다. 단지 그 실수와 실패를 반성하는 차원에서 잠시 돌아보고 다시 힘차게 앞으로 나아가면 되는데, '내가 왜 그랬지?' 하며 자꾸만 과거에 머뭅니다.

이런 아이는 실수할까 봐, 실패할까 봐 자신 있게 생활하지 못합니다.

완벽과는 전혀 거리가 먼 인간에게 가장 어울리지 않는 태도가 '완벽주의'입니다.

완벽주의는 그저 자기 합리화의 일환일 뿐입니다. 문제투성이인 나를 문제투성이로 바라보지 않으려는 몸부림일 따름이지요.

이런 부모 밑에서는 사는 게 너무나 갑갑합니다. 자라나는 아이는 돌봄의 대상이지 비판의 대상이 아닌데, 아이의 일거수일투족에 대해 이렇다 저렇다, 감 놔라 배 놔라 평가하고 명령하는 부모가 많습니다.

그렇게 자란 아이는 자유와 창의와 책임을 잃습니다. 이것은 실상 양육과 교육을 빙자한 인권 침해입니다. 이렇게 자란 아이가 인권을 이해하기란 결코 쉽지 않을 것입니다.

조효제 한국인권학회장은 "양육의 초기 단계에서부터 인권 친화적인 마음을 길러야 한다."고 강조합니다. 그가 제안하는 양육법에 대해 우리는 귀를 기울여야 합니다. 그는 이렇게 말합니다.

"과도한 처벌, 무관심과 방치, 지나친 응석 허용은 인권과 반대되는 성격을 만들기 쉽다. 자기 행동으로 타인이 해를 입을 수 있다는 점을 이해시켜야 한다."

완벽주의적이고 비판적인 부모는 우선 자기의 그 같은 태도가 자녀에게 해를 입힐 수 있다는 점을 깨달아야겠습니다.

양육은 지나친 개입과 지나치게 적은 관심 그 둘 사이에서 아이의 자율성과 포용력을 키울 수 있는 지점을 찾아 나가는 과정일 것입니다.

한국의 부모들 중에는 과도한 처벌, 무관심과 방치, 지나친 응석 허용, 이 세 가지 중에 한 가지 이상에 해당하는 이들이 많아 보입니다.

화평보다는 경쟁을, 인성보다는 성적을 강조한 탓이 크겠지요.

이미 부모 자신이 경쟁주의, 성과주의에 사로잡혀 남과 비교하며 사는 경우에 이러한 현상은 더욱더 심각해집니다.

'부모가 바뀌어야 자녀가 바뀐다.'

이 변함없는 사실을 명심해야겠습니다.

또 아비들아 너희 자녀를 노엽게 하지 말고 오직 주의 교양과
훈계로 양육하라

– 에베소서 6장 4절

"자녀를 노엽게 하지 말고" 1

또 아비들아 너희 자녀를 노엽게 하지 말고 오직 주의 교양과
훈계로 양육하라

– 에베소서 6장 4절

저는 제 자신이 이 성경 말씀에 따라 살고 싶기도 하고, 이
성경 말씀이 현시대에 매우 중요하게 느껴져서 이 말씀을 자
주 인용합니다. 바로 앞의 글에서도 등장한 말씀이지요.

자녀 양육에 대한 이 귀한 성경 말씀에 대해 다소 어색하게
느낀 바가 있었는데, 아내와 이 말씀에 대해 이야기하면서 비
로소 이해가 되었습니다.

제가 어색해했던 게 무엇이냐 하면, 바로 자녀가 부모를 화
나게 하는 게 아니라, 부모가 자녀를 화나게 한다고 표현되어
있는 부분입니다.

그렇게 느낀 건 아마도 한국이 서양보다 가족 내에서 부모

자식 간에 수직적 위계 문화가 많이 있는 탓이지 않을까 싶습니다.

그만큼 자녀가 부모를 화나게 한다는 표현에는 익숙하고, 부모가 자녀를 화나게 한다는 표현은 어색하니 말입니다.

또한 이것은 아마도 한국 부모가 자녀들에게 화를 많이 낸다는 방증 아닐까요? 굳이 화를 내지 않아도 되는데 말이죠. 이는 의견과 감정을 적절한 방식으로 표현할 줄 모른다는 것이지요.

특히 자녀가 부모를 화나게 한 게 아닌데 부모가 자녀에게 화를 내는 경우가 많죠. 자녀의 의도 자체를 잘못 해석한 경우입니다. 이런 일은 자녀가 아직 많이 어린데도 마치 다 큰 사람처럼 대하는 경우에 많이 발생합니다.

한국의 부모-자식 관계가 과거에 비해 많이 수평적으로 되었다고는 하지만, 부모-자식 간에 인격체 대 인격체의 관계를 맺는 데 우리는 아직도 서툰 게 사실입니다. 예전과는 다르다고는 하지만, 말투나 호칭 등 겉으로만 수평화된 부분도 크지요.

사람이 마음속에 오랫동안 지니게 되는 대부분의 상처가 가정에서 생긴다는 것을 우리는 부인할 수 없습니다. 하지만 우리는 상처를 다루는 방법을 가정에서 잘 배우지 못합니다.

사람은 살면서 상처를 주고 또 상처를 받을 수는 있지만 그 상처를 다룰 줄 모를 때 사는 게 힘들어지죠.

 "아비들아 너희 자녀를 노엽게 하지 말고"

  그런데 성경 말씀에는 "아비들아"라고 기록되어 있습니다. 두 자녀의 아버지로서 뜨끔합니다. 정말이지 아버지가 가정에서 관계를 잘못하는 경우가 너무나 많기 때문입니다. 아버지만 가정에서 잘해도 그 가정이 평화롭고 행복할 수 있음을 알기 때문입니다.
  특히 무엇을 하지 말아야 한다고 말씀합니까? "자녀를 노엽게 하지 말고"라고 말씀합니다. 화병이라는 한국 특유의 질병이 있죠. 부모가 자녀를 노엽게 하면 자녀에게 바로 그 화병이 생기는 겁니다. 화가 쌓여서 스트레스가 되어 생기는 병 말입니다.

  그렇다면 부모는 언제 자녀를 화나게 할까요?
  자녀를 억누를 때입니다.

  자녀의 마음, 자녀의 상황과 상관없이 부모니까 자녀가 자기 말대로 따라야 한다고 자기 마음대로 그게 맞다고 생각하면서 강요하는 겁니다. 그저 "청소해라, 공부해라." 억압하는 식입니다.

성인도 자기 마음과 상관없이 강요당하면 화가 나는데 자녀라고 예외일 수 있을까요. 여기에 더해 아예 반 등수나 전공, 대학, 진로 따위를 부모가 좌지우지하면 자녀는 화를 참고 또 참으며 청소년기와 청년기를 보내게 됩니다. 결국 성인이 되고 또 가정을 꾸리고 나서 그 화가 분출되고 맙니다.

부모가 기존에 받은 상처를 이해, 치유, 극복하지 못하여 자녀에게 자신이 받은 그 영향을 줄 때가 있습니다. 이것도 자녀를 화나게 하는 일이죠. 분명 자녀와는 상관없는 일인데 그저 부모 자신의 콤플렉스나 스트레스를 자녀에게 표출하는 것입니다.

괜히 자녀에게서 자신의 상처나 콤플렉스를 발견한 양 제멋대로 생각하면서 자기 스스로 풀지 못한 화를 자녀에게 전가하는 겁니다. 무시하고, 삐딱하게 바라보고, 거칠게 말합니다.

혹은 자녀가 자신의 장점을 닮지 않았다면서 무시하기도 합니다. 또는 아예 자녀의 관심사나 필요 등 자녀의 생활 자체에 무관심한 경우도 있지요. 세상에 무시와 무관심만큼 사람을 외롭고 괴롭게 하는 것도 없습니다.

이런 것들이 다 부모가 자녀를 자신의 소유물이나 닮은꼴로 생각하기 때문에 발생하는 일입니다.

부모가 자녀로 하여금 마음속에 화를 쌓도록 잘못된 처신을 한다면 가정 내에, 그리고 자녀에게 부작용이 오죽 많이 생길까요? 실제로 우리는 현실에서 그 엄청나고 다양한 부작용을 마주하고 있습니다.

이것은 안타까운 '화의 대물림'과도 같습니다. 자신이 처리하지 못한 화를 다음 대에 계속해서 물려주는 것이지요. 이것이 결국 분출되고 폭발하는 때에는 여기저기서 피해가 속출합니다.

부모는 자녀가 특히 어릴 때에, 즉 성인이 되기 전인 영유아기와 유년기, 청소년기에 화를 누적하지 않도록 언행을 삼가야할 것입니다. 언행을 삼가는 데는 늘 '사랑을 바르게 표현할 줄 아는 마음과 지혜'가 필요합니다.

부모는 말로는 자식을 사랑한다 하지만 이미 마음부터 삐뚤어져 있는 경우가 많습니다. 세상 부모들이 사랑을 제대로 이해하고 표현할 줄만 안다면 세상살이 그리고 사람 사이는 정말 많이 달라질 텐데요.

늦은 때가 있나요.

이제부터 성경에서 말씀하는 그 사랑을 자녀에게 실천하면 되지요. 자녀가 나이가 들었다 해도 상관없습니다. 자녀는 영원히 자녀입니다. 자녀는 또한 주님이 주신 보물이며 영원히 보물입니다. 자녀는 주님 사랑을 깨닫게 해 주고 행하게 해 주는 보물 중에 보물입니다.

(고린도전서 13:3) 내가 내게 있는 모든 것으로 구제하고 또 내 몸을 불사르게 내어 줄지라도 사랑이 없으면 내게 아무 유익이 없느니라

(고린도전서 13:4) 사랑은 오래 참고 사랑은 온유하며 투기하는 자가 되지 아니하며 사랑은 자랑하지 아니하며 교만하지 아니하며

(고린도전서 13:5) 무례히 행치 아니하며 자기의 유익을 구치 아니하며 성내지 아니하며 악한 것을 생각지 아니하며

(고린도전서 13:6) 불의를 기뻐하지 아니하며 진리와 함께 기뻐하고

(고린도전서 13:7) 모든 것을 참으며 모든 것을 믿으며 모든 것을 바라며 모든 것을 견디느니라

결국 믿음과 사랑과 소망 안에서 자녀를 품어 주고 자녀를 대할 때에 부모와 자녀가 주님 안에서 함께 변화하는 축복이 있게 되는 줄 믿습니다.

자녀 교육은 다른 게 일절 없습니다. 자꾸 이 길을 안 가고 세상 식대로 자녀 교육을 하는 게 문제인 것이지요.

자녀 교육의 길은 무엇입니까?

"오직 주의 교양과 훈계로 양육하라."

이게 전부입니다. 성경은 부모들로 하여금 자녀 교육을 잘할 수 있도록 인도해 주고 안내해 주고 지도해 줍니다. 성경 읽기를 삶의 유산으로 남겨 주는 것이야말로 최고의 자녀 교육입니다. 부모가 말씀을 통해 변화하는 것이 우선이겠지요.

주님이 우리에게 주시는 그 사랑을 닮은 부모의 사랑으로 우리 자녀들이 마음이 평안해져서 강건하고 담대하게 자라기를 간구합니다.

팩트보다 사랑

첫째 딸에게 미안한 게 많습니다. 부족했고 몰라서 잘 못 해준 것도, 잘못한 것도 많기 때문입니다. 그래도 내가 그랬다는 걸 뉘우치면서 지금부터는 잘해 주리라 누차 다짐 또 다짐하고 있으니 첫째 딸에게 좋은 부모가 될 수 있겠지요?

자신의 삶에 실제적이고 구체적인 변화를 도모하여 하루하루 자기 자신과 자녀를 위해 나아지는 사람이 곧 좋은 부모일 것입니다.

특히 자녀에게 잘못한 게 있다면, 잘못 대한 게 있다면 부모는 꼭 자녀에게 그 점에 대해 사과하고 고쳐 나가야 할 것입니다. 계속해서 더 좋은 방향으로요.

첫째 딸에게 잘못한 것 중에 팩트를 중시한 것이 있습니다. 아이가 세상을 잘 이해할 수 있도록 설명을 잘해 주어야 한다는 일종의 강박이 있었던 건데요. 그러다 보니 즐거움보다는 진지함으로 흘러갈 때가 많았던 것 같습니다.

아이가 무언가에 대해 질문하면 아이가 생각해 볼 기회를 주지 않고 대답을 한 것도 마찬가지입니다. "네 생각은 어때?"라고 물어도 되는데 말이죠. 그러면 아이와 다른 놀이, 다른 대화를 할 수 있었을 텐데요. 사고와 경험의 폭을 넓힐 기회를 놓친 것입니다.

또한 아이마다 특별함이 있는데 육아 서적을 보면서 평균적으로 쓰인 그 내용대로 해 보려고 했던 것도 일종의 팩트 중심 육아이지 않았나 싶습니다.

첫째에 대해서는 대부분의 부모가 너무 부담을 많이 가진 채로 아이를 키우는 것 같습니다. 그러다 보니 본질 대신 형식을 택하게 될 때가 많죠. 저희 부부 역시 그랬습니다.

특히 작은 일에도 겁먹고 조바심 내고 했던 게 아이에게 스트레스를 주었겠구나 생각하면 정말 많이 미안합니다. 그래서 아이가 좀 자라고 또 둘째가 태어나고 나서는 첫째에게 여유와 자신감을 주려고 부부간에 상의도 하고 각자 노력도 합니다. 그럼에도 여전히 부족하고 잘못할 때가 많지요.

마치 어른들이 서로 회의를 하듯이 부모가 아이를 대할 때가 있습니다. 팩트를 요모조모 따져 가며 설명을 늘어놓는 것이죠. 그때 자칫하면 사랑이 빠질 수 있습니다.

사실 이건 어른들 사이에서도 마찬가지입니다. 팩트를 놓고 회의(會議)하다가 그 자리에 사랑이 없으니 회의감(懷疑感)에 빠지고 마는 것이지요.

사랑 안에서 이야기하면 내 얼굴에 웃음이 나고 내 마음에 여유가 생기는데 팩트 중심으로 아이를 가르치려고만 들면 내 자신에게서 요새 흔히 말하는 안 좋은 꼰대의 모습이 나옵니다.

아이는 같이 놀아 주고 공감해 줄 사람이 필요한데 선생님, 보호자 노릇만 하려고 했던 시간들이 기억납니다. 흥미롭지도 유쾌하지도 않은 추억의 시간들이죠. 저 자신은 피곤하고, 아이는 재미없던 시간들입니다.

그래서 생각하게 됩니다. '팩트보다 사랑'이라는 것을 말입니다. 자녀에게 사랑을 줄 수 있도록 마음의 여유를 갖자는 것입니다. 놀이와 포옹, 유머와 상상 등등 아이를 사랑할 수 있는 다른 좋은 문이 우리에게 열려 있습니다.

팩트는 그 좋은 문들을 닫아 버리기도 합니다.

하지만 사랑은 모든 문을 열죠. 이것이 사랑을 통해 함께 기쁨과 자유를 누리는, 어른에게도 아이에게도 유익하고 유쾌한 육아일 것입니다.

감사는 신앙이고 믿음이다

감사는 신앙이다. 감사는 믿음이다. 어떤 믿음일까? 하나님을 믿는 믿음이다. 믿음이란 하나님 말씀을 따라 사는 것이다. 하나님이 감사하라고 하시니 감사하는 것이 믿음이고 신앙인 것이다.

감사하라고 하는데도 불평하고 불만을 말하면 그것이 불신앙이다. 그래서 감사가 신앙이다.

                – 송기출 목사, 대전일보 2023년 7월 6일

                        [종교칼럼] "감사" 중에서

사람이 누구나 부족하고 실수를 하고 잘못을 하다 보니 우리가 그것에 대해 일일이 따지고 불만을 품고 불평을 서로 늘어놓게 되면 한도 끝도 없습니다. 더구나 부부의 경우는 살아온 환경도, 가지고 있는 습관도 다르기 때문에 사소한 생활 방식부터 차이를 보이게 되어 있습니다.

자녀를 낳게 되면 부모와 닮은 모습도 있고 다른 모습도 있는데 닮았다고 불평하는 경우도 있고, 다르다고 불평하는 경우도 있습니다.

부부가 서로 "당신을 닮아서", "나를 닮지 않아서"라고 자녀를 놓고 불평불만을 늘어놓기도 합니다.

그러나 앞의 송기출 목사님 말씀대로 우리가 불평불만을 가지고 있다는 것은 감사의 마음을 잃었다는 것입니다. 잊어버린 것과는 다릅니다. 잃어버린 겁니다. 상실한 것입니다. 사탄이 가장 좋아하는 불평불만을 취함으로써 감사의 마음을 내던져 버린 것이죠.

감사는 하나님의 명령입니다. 하나님께서 "범사에 감사하라"고 명하신 까닭은 그것이 생의 기적을 만들어 내기 때문일 것입니다. 감사는 마음에 일대 변화를 몰고 오고 그로 인해 인생이 확 바뀝니다.

'감사'는 신앙과 같아서 인생을 바라보는 시선과 시야를 확 바꿉니다. 신앙인은 감사하는 사람입니다.

위에서 송기출 목사님은 '감사하지 않는 것은 불신앙'이라고 말씀합니다. 우리가 불평불만의 심각성, 그 끔찍하고 엄청난 악영향을 미치는 죄됨의 본원, 그 이유와 결과에 대해 알아야 하는 까닭입니다.

부모 된 우리가 가족에게서 느끼게 되는 감사는 무엇인가요?

나의 배우자가 되어 주고, 나와 함께 살아 주고, 나를 도와주고, 우리 부부가 사랑의 결실로 자녀를 낳고 함께 자녀들을 양육하고 자녀들과 함께하면서 가족 모두 매일 기쁨을 나누고 함께 성장할 수 있어서 감사한 것입니다.

가족의 존재 자체로 하나님께 감사드리고 그 가족들 한 명 한 명에게 감사하게 되는 것입니다. 이것은 누가 무엇을 잘하고 못하느냐와는 전혀 상관없는 것입니다. 조건이 없다는 점에서 감사의 마음은 사랑의 마음과도 같습니다.

자녀들은 이러한 부모의 무조건적 감사 태도, 감사 습관을 보고, 그리고 그로 인해 얻게 되는 인생의 기쁨과 여유, 유익 등의 아름다운 열매들을 보고 '인생에서 감사란 참으로 본질적이고 결정적인 것이구나!' 느끼게 될 것입니다.

불평불만이 많고 부정적인 부모 밑에서 자란 아이는 그와 같이 불평불만을 가지고 부정적인 사고를 하게 될 수 있습니다. 반응의 흐름, 사고의 흐름이 그렇게 굳어지는 것입니다. 일상과 인생을 좌우하는 태도가 어그러지고 삐뚤어지는 것이죠.

불평불만, 부정적 사고에 대한 해법은 늘 '감사'입니다.

인터넷에서 '평범한 일상, 비범한 감사'라는 문구를 본 적이 있습니다.

평범한 일상 같지만 그것을 특별하게 만들어 주는 것이 바로 감사입니다.

감사는 사람을 빛나게 하고, 삶을 빛나게 합니다. 자녀에게 이러한 감사의 빛을 환한 웃음과 예쁜 말과 멋진 행동으로 선사하는 부모 되길 바라게 됩니다.

생산적 실패 & 실패의 재구성

아인슈타인과 뢴트겐 등 노벨상 수상자 21명을 배출한, 스위스가 자랑하는 세계적인 명문 대학 취리히연방공과대학교의 마누 카푸어 교수는 오랫동안 '생산적 실패'에 관한 연구를 해 왔습니다.

학생들로 하여금 생산적 실패의 계기를 만들어 주는 방법은 다음과 같습니다.

학생들에게 지금까지의 지식이나 경험으로는 풀기 어려운 과제를 제시합니다. 학생들이 실패나 좌절을 경험하다가 거의 포기하려고 할 때 비로소 교사가 나서서 도와줍니다.

이러한 '생산적 실패'를 위한 교육을 받은 학생 집단은 먼저 가르쳐 주고 문제를 풀거나, 문제를 풀 때 학생들이 요청하면 교사가 도움을 제공한 집단보다 시험 점수가 더 높았다고 하네요.

생산적 실패는 실패할 때는 힘들지 모르지만(물론 실패에 대해서는 힘들어하기보다는 기꺼이 즐겨 해야겠죠) 결국 주체적으로 인생 과업을 해결해 나갈 수 있는 인간의 기초, 인생의 기초가 됩니다.

　저는 운전을 시작할 때부터 네비게이션을 사용했는데, 그것은 제가 길을 잘 모르고 또 길치이니 길을 헤매지 않고 낭비 없이 그리고 안전하게 운전하기 위해서였습니다. 하지만 스스로 이정표와 지도, 랜드마크 등을 찾고 기억하려 하지 않았기 때문에 운전을 아무리 해도 네비게이션 없이는 갔던 곳도 다시 찾아가기가 어렵게 되었습니다.

　저는 시간 낭비를 하지 않으려고 '생산적 실패'를 회피한 것이지만, 그것은 사실 시간을 아낀 게 아니었던 거죠. 자기 발전 없는 의존증에 불과한 것이죠. 물론 후회에 빠질 일은 아닙니다. 그저 지금부터 스스로 길을 찾으면 됩니다.

　그런데 돌아보면 공부할 때도 대부분 '생산적 실패'를 회피했습니다. 부끄러운 일입니다. 문제와 답만 알면 되니 암기가 공부의 대부분을 차지했죠. 문제를 놓고 씨름하고 싶어 하지 않았습니다. 이러한 습관은 인생에도 고스란히 이어진다는 것을 이제야 조금 알게 되었습니다.

　스스로 씨름하지 않으면 깨달을 일도, 나아질 일도 일어나지 않음을 우리는 생각해야 합니다.

실패가 '생산적 실패'가 되려면 실패 경험을 재구성하는 일이 중요합니다. '그때 그랬지' 돌아보며 여러 가지 실패의 그때를 재구성해서 '그럼 이제는?' 하고 계속해서 질문을 던지며 문제 해결을 위한 지혜를 모으는 것입니다. 단도직입적으로 말해 실패하지 않고는 성공이란 있을 수가 없지요.

동일한 이치로 자녀의 인생에서 부모는 '계기 제공자' 정도로 머무는 것이 좋겠지요. 부모가 '문제 해결사'가 된다는 것이 자녀의 앞길을 심각하게 망치는 일이라는 걸 우리는 별로 생각지 않는 것 같습니다. 대학 입시 위주의 교육에 매몰된 한국의 부모들이 특히 반성할 부분이지요.

스스로 생각하고 고민하고 시도해 보는 습관이 쌓여야 합니다. 그래야 인내와 성실, 책임과 성취가 쌓입니다. 그렇게 한 사람의 근성이 생기고 다져집니다. 그렇게 한 인생의 결실이 맺어져 갑니다.

생산적 실패를 많이 해 본 사람은 문제 앞에서 부정적이지 않습니다. 긍정적으로 문제를 대하며, 기꺼이 도전하고, 도전 과정에서 나오는 울음을 기꺼이 받아들입니다. 그것이 '성장의 울음'임을 알기 때문입니다.

생산적 인생을 살기 위해 더 많이 실패해 보아야겠습니다.

그리고 그 실패들을 재구성해 보면서 창의적, 도전적 삶을 만들어 나가야겠습니다.

해로운 콘텐츠 & 깨진 유리창

어른들이 왜 그럴까요?

인터넷에는 곳곳에 선정성 있는 갖가지 콘텐츠가, TV에는 폭력성 있는 프로그램이 아무런 죄책감 없이 만들어져 있습니다.

게임은 또 어떤가요?

선정성과 폭력성을 내세우는 게임이 좀 많습니까?

영화계도 마찬가지입니다. 그 같은 콘텐츠들이 무슨 현실 인식의 폭을 넓힌다거나 바람직한 대안을 제시한다거나 하나요? 설령 나름대로 그 같은 기능을 한다 해도 선정성과 폭력성에 지나치게 기댈 이유가 있을까요?

그런데도 왜 만들까요?

이것들이 사람들에게 해악을 끼치지 않는다고 생각해서일까요?

그저 시청률과 이용률을 높여서 돈과 인기를 얻고자 해서인가요?

우리는 단지 콘텐츠 소비자, 구독자에 그치지 말고 이러한 참담한 현실에 대해 생각을 해 보아야 합니다.

인생과 세상에 대해 잘못된 사고를 하고 잘못된 행동을 하게 할 콘텐츠들이 버젓이 유포되고 방영되는 시대이기 때문입니다. 이러한 현상은 갈수록 심해질 것입니다.

과거에는 해로운 콘텐츠가 비디오테이프나 책자로 암암리에 퍼뜨려졌다면 지금은 인터넷과 스마트폰으로 언제 어디서나 볼 수 있습니다.

깨진 유리창 이론(Broken Window theory)에서 말하는 현상이 현실로 나타날 확률이 훨씬 더 높아진 것이죠. 인터넷과 스마트폰이 등장한 이래로 선정성과 폭력성이 있는 콘텐츠들은 우리가 상상하는 것보다 훨씬 더 심각하게 사회에 퍼지고 말았습니다. 이를 심각하게 여기기보다는 오히려 무뎌지고 둔해졌다고 보아야 할 것입니다.

깨진 유리창 이론이란 깨진 유리창 하나를 방치하면 그 지점을 중심으로 범죄가 확산된다는 이론입니다. 사소한 무질서를 방치하면 큰 문제로 이어질 가능성이 높다는 것이죠. 예를 들어 유리창이 깨진 자동차를 길거리에 방치하면 그것이 사회의 법과 질서가 지켜지지 않고 있다는 메시지로 받아들여져서 더 큰 범죄로 이어질 가능성이 높아지는 것이지요.

해로운 콘텐츠들은 사람들 마음의 유리창을 한 군데씩 한 군데씩 깹니다. 균열에서 파괴로 향해 갑니다. 사람 마음의 유리창이 이런 식으로 깨져 나가면 가정에, 사회에, 국가에 구멍이 숭숭 뚫려 가게 됩니다. 그 여파로 가정과 사회와 국가 이곳저곳 사방천지에서 사건 사고가 터집니다.

TV 드라마에 몇 세 이상이라고 표시하면 다 되는 걸까요?

아니, 어른들이라고 해서 그런 극단적 내용의 드라마를 봐야 할 이유와 필요는 없지 않나요?

가장 중요한 것은 청소년들에게 이러한 백해무익한 콘텐츠들이 고스란히 노출되어 있다는 점입니다.

참으로 안타까운 일입니다.

인터넷, TV, 게임, 영화 콘텐츠 제작자들이 자꾸만 이런 해로운 콘텐츠를 양산한다면 현재로서 우리의 대안은 부모와 학교가 나서는 것입니다.

왜 그것이 좋지 않은지 가르쳐 주고, 그런 걸 보는 대신 무엇을 하면 좋을지 안내해 주는 것이지요.

만약 이러한 중요한 역할을 등한시한 채 외려 아이들이 있는 데서 그런 해로운 콘텐츠를 틀어 놓거나 이용하고 있다면 그 부모는 너무나 심각한 '문제 부모'입니다.

국가적으로도 규제를 한다거나 중독 치료를 지원한다거나 하는 식으로 더욱 적극적으로 나서야 합니다. 특히 학교를 통해서 교육하고 상담하는 것이 좋겠지요.

정말로 과거와는 달리 선정성과 폭력성 있는 콘텐츠들이 너무나 쉽게 사람들의 눈에 띕니다.

이러한 해로운 콘텐츠를 비판해야 할 언론사마저 그런 콘텐츠를 광고로 받아서 자신들의 홈페이지를 어지럽힙니다.

이것은 말세의 징후로 보입니다.

경각심을 가져야 할 때입니다. 각성하고 돌이킬 때입니다.

> (에스겔 23:35) 그러므로 나 주 여호와가 말하노라 네가 나를 잊었고 또 나를 네 등 뒤에 버렸은즉 너는 네 음란과 네 음행의 죄를 담당할지니라 하시니라

> (이사야 13:11) 내가 세상의 악과 악인의 죄를 벌하며 교만한 자의 오만을 끊으며 강포한 자의 거만을 낮출 것이며

떨며 엎드릴 때입니다.

가정이 무너지고 있습니다

가정이 무너지고 있는데도 우리는 가정과 학교에서 세상 지식을 쌓는 것이 인생에서 전부인 것처럼 착각하고 있지 않나요?

그리고 그 같은 착각으로 아이들을 내몰고 있지 않나요?

우리가 정말로 가정을 세우는 것이 중요하다고 인식했다면 가정과 학교에는 〈가정이란 무엇인가?〉〈남자와 여자의 특성(공통점과 차이점)과 역할〉 같은 가르침이나 과목이 진작 생기지 않았을까요?

저는 이런 과목이 생긴다면 많은 학생들이 관심을 가질 거라 예상합니다.

세상적 성공을 위한 과정은 그렇게 많은데, 가정 화목을 위한 교육은 정말로 거의 없지요?

교회 등에서 그 역할을 하고 있지만, 사회적으로 확장될 필요가 있어 보입니다.

뉴스에서 가정이 무너진 이야기를 자주 접하게 되었다면서 세상이 무섭다는 식으로 단순하게 받아들일 때가 아닙니다.

오늘날 부모가 부모 역할을 포기하는 경우가 늘어나고 있습니다. 이것은 너무나 심각한 일입니다.

중요한 것은, 우리가 가정에 대해 긍정과 소망을 잃지 않고 우리가 가정 화목을 위해 무엇을 할 수 있을까 고민하고 대안을 모색해 실천에 옮기는 것이겠지요.

가정에 무관심이 있었다면 그 무관심의 대물림이 끊겨야 할 것입니다.

가정에 우울함이 있었다면 그 우울함의 대물림이 끊겨야 할 것입니다.

가정에 폭력이 있었다면 그 폭력의 대물림이 끊겨야 할 것입니다.

믿음 안에서 가정이 회복될 때 이 같은 치유의 역사가 있을 줄 믿습니다.

(골로새서 3:15) 그리스도의 평강이 너희 마음을 주장하게 하라 평강을 위하여 너희가 한 몸으로 부르심을 받았나니 또한 너희는 감사하는 자가 되라

(골로새서 3:16) 그리스도의 말씀이 너희 속에 풍성히 거하

여 모든 지혜로 피차 가르치며 권면하고 시와 찬미와 신령한 노래를 부르며 마음에 감사함으로 하나님을 찬양하고

(골로새서 3:17) 또 무엇을 하든지 말에나 일에나 다 주 예수의 이름으로 하고 그를 힘입어 하나님 아버지께 감사하라

(골로새서 3:18) 아내들아 남편에게 복종하라 이는 주 안에서 마땅하니라

(골로새서 3:19) 남편들아 아내를 사랑하며 괴롭게 하지 말라

(골로새서 3:20) 자녀들아 모든 일에 부모에게 순종하라 이는 주 안에서 기쁘게 하는 것이니라

(골로새서 3:21) 아비들아 너희 자녀를 격노케 말지니 낙심할까 함이라

느리게 함께 걷는 부모

우리는 느리게 걷자 걷자 걷자
우리는 느리게 걷자 걷자 걷자
그렇게 빨리 가다가는
죽을 만큼 뛰다가는
사뿐히 지나가는 예쁜 고양이
한 마리도 못 보고 지나치겠네

— 장기하의 노래 〈느리게 걷자〉 중에서

느리게 컸으면 좋겠어요.

동물은 어릴수록 더 귀엽고 사랑스럽죠.

하나님이 제 자식에게 사랑을 많이 주라고 저리도 귀엽고 사랑스럽게 만들어 주셨나 봅니다.

그래서 어린 자녀를 사이에 두고 저런 말들을 합니다. 느리게 컸으면 좋겠다고. 저 귀엽고 사랑스러운 모습을 더 많이 보고 싶어서요.

  그런데 돌아보면 바쁘거나 힘들어서 자녀와 시간을 많이 보내지 못했을 때 아이가 부쩍 커 있음을 느끼게 됩니다.

  당연한 일입니다. 느리게 크는 걸 보지를 못했으니 빨리 큰 것처럼 느껴지는 것이죠.

  저는 다섯 살, 열 살 자녀(이 글을 쓸 당시의 나이)가 있는데 지금이 한창 그 느리게 크는 모습을 보아야 할 때입니다.

  그 귀엽고 사랑스러운 모습, 말투, 표정에 사랑으로 반응해 주어야 할 때입니다.

  그러나 바쁘고 힘들다는 이유로 그렇게 하지 못했을 때 자녀에게 너무나 미안합니다.

  자녀가 느리게 크기를 바라면서 자녀와 함께하지 않음으로써 자녀가 빨리 크게 되는 것이죠.

  느리다는 것은 그래서 충실하다는 것을 뜻합니다.
  느리다는 것은 순간을 느낄 줄 아는 것입니다.
  느리다는 것은 함께할 줄 안다는 것입니다.
  그래서 느림은 충만입니다.
  사랑으로 충만한 것이지요.

자녀가 성장하는 모습을 천천히 함께 느끼는 것만큼 부모에게 축복이 되는 것이 또 있을까요.

그러므로 자녀와 느리게 함께 걷는 부모가 되기를 소망합니다.

너는 누구를 닮아서

자녀를 낳으면 유전이라는 것이 신기하지요. 외모와 성격, 성향이 나를 닮으면 기특하기도 하고 뿌듯하기도 합니다. 물론 나의 좋지 않은 점을 닮으면 미안하고 안타깝기도 하고요.

그런데 부부간에 자녀의 좋은 점은 자기를 닮고, 좋지 않은 점은 상대를 닮았다고 하는 일이 흔히 있지요. 장난으로 시작했다가 싸움으로 번지기도 합니다. 도를 더 지나쳐 선대(先代)까지 거론하다가 집안싸움처럼 되기도 하고요.

기독교인에게는 인간에 대한 본질적인 사고의 전환이 필요합니다. 서로를 대할 때 그 전환된 사고로 바라보아야 합니다. 그것이 무슨 사고입니까?

> (창세기 1:26) 하나님이 가라사대 우리의 형상을 따라 우리의 모양대로 우리가 사람을 만들고 그로 바다의 고기와 공중의 새와 육축과 온 땅과 땅에 기는 모든 것을 다스리게 하자

하시고

(창세기 1:27) 하나님이 자기 형상 곧 하나님의 형상대로 사람을 창조하시되 남자와 여자를 창조하시고

(창세기 1:28) 하나님이 그들에게 복을 주시며 그들에게 이르시되 생육하고 번성하여 땅에 충만하라, 땅을 정복하라, 바다의 고기와 공중의 새와 땅에 움직이는 모든 생물을 다스리라 하시니라

'하나님 형상 따라 지음 받아 이 땅을 다스리도록 부르심 받은 하나님 자녀'로서 우리는 서로를 바라보아야 합니다. 자녀도 마찬가지입니다. 그럴 때에 우리는 배우자가, 자녀가 주님 닮기를 기대하게 되지요. 우리는 자녀에게 이러한 인간 존재의 본질, 그 진리를 가르쳐야 합니다.

(요한복음 17:9) 내가 저희를 위하여 비옵나니 내가 비옵는 것은 세상을 위함이 아니요 내게 주신 자들을 위함이니이다 저희는 아버지의 것이로소이다

(요한복음 17:10) 내 것은 다 아버지의 것이요 아버지의 것은 내 것이온데 내가 저희로 말미암아 영광을 받았나이다

(요한복음 17:11) 나는 세상에 더 있지 아니하오나 저희는 세상에 있사옵고 나는 아버지께로 가옵나니 거룩하신 아버지여 내게 주신 아버지의 이름으로 저희를 보전하사 우리와 같이 저희도 하나가 되게 하옵소서

(요한복음 17:12) 내가 저희와 함께 있을 때에 내게 주신 아버지의 이름으로 저희를 보전하와 지키었나이다 그 중에 하나도 멸망치 않고 오직 멸망의 자식뿐이오니 이는 성경을 응하게 함이니이다

(요한복음 17:13) 지금 내가 아버지께로 가오니 내가 세상에서 이 말을 하옵는 것은 저희로 내 기쁨을 저희 안에 충만히 가지게 하려 함이니이다

(요한복음 17:14) 내가 아버지의 말씀을 저희에게 주었사오매 세상이 저희를 미워하였사오니 이는 내가 세상에 속하지 아니함같이 저희도 세상에 속하지 아니함을 인함이니이다

(요한복음 17:15) 내가 비옵는 것은 저희를 세상에서 데려가시기를 위함이 아니요 오직 악에 빠지지 않게 보전하시기를 위함이니이다

(요한복음 17:16) 내가 세상에 속하지 아니함같이 저희도 세상에 속하지 아니하였삽나이다

(요한복음 17:17) 저희를 진리로 거룩하게 하옵소서 아버지의 말씀은 진리니이다

(요한복음 17:18) 아버지께서 나를 세상에 보내신 것같이 나도 저희를 세상에 보내었고

(요한복음 17:19) 또 저희를 위하여 내가 나를 거룩하게 하오니 이는 저희도 진리로 거룩함을 얻게 하려 함이니이다

(요한복음 17:20) 내가 비옵는 것은 이 사람들만 위함이 아니요 또 저희 말을 인하여 나를 믿는 사람들도 위함이니

(요한복음 17:21) 아버지께서 내 안에, 내가 아버지 안에 있는 것같이 저희도 다 하나가 되어 우리 안에 있게 하사 세상으로 아버지께서 나를 보내신 것을 믿게 하옵소서

(요한복음 17:22) 내게 주신 영광을 내가 저희에게 주었사오니 이는 우리가 하나가 된 것같이 저희도 하나가 되게 하려 함이니이다

(요한복음 17:23) 곧 내가 저희 안에, 아버지께서 내 안에 계셔 저희로 온전함을 이루어 하나가 되게 하려 함은 아버지께서 나를 보내신 것과 또 나를 사랑하심같이 저희도 사랑하신 것을 세상으로 알게 하려 함이로소이다

(요한복음 17:24) 아버지여 내게 주신 자도 나 있는 곳에 나와 함께 있어 아버지께서 창세 전부터 나를 사랑하시므로 내게 주신 나의 영광을 저희로 보게 하시기를 원하옵나이다

(요한복음 17:25) 의로우신 아버지여 세상이 아버지를 알지 못하여도 나는 아버지를 알았삽고 저희도 아버지께서 나를 보내신 줄 알았삽나이다

(요한복음 17:26) 내가 아버지의 이름을 저희에게 알게 하였
고 또 알게 하리니 이는 나를 사랑하신 사랑이 저희 안에 있
고 나도 저희 안에 있게 하려 함이니이다

요한복음 17장 9절에서 26절은 하나님이 왜 이 땅에 예수
님을 보내셨는지를 명확하게 알게 합니다. 죄로 타락한 우리가
멸망의 자식에서 '축복의 자식'으로 거듭나게 하기 위해, 세상
풍속 좇아 세상에 속한 자 되지 않고 '주님 은혜 받아 주님께
속한 자' 되도록 하기 위해, 악에 빠지지 않고 선을 행하게 하
기 위해 하나님은 이 땅에 예수님을 보내셨습니다.

구원받은 그리스도인은 그래서 '주님의 자녀로서 세상에 보냄
받은 자'입니다. 그리스도인은 '주님 안에서 하나 된 자'입니다.

어쩌면 부모가 자녀를 나의 작품, 나의 후손, 나의 소유, 나
의 희망으로 생각하는 것은 지극히 세상적인 관점에서 나온
것일 수 있습니다. 자녀가 너무 예쁘고, 자녀에게 기대를 많이
하게 된다고 해서 자녀가 나를 닮기를, 또는 나를 닮지 않기를
바라는 것이 굉장히 세상적인 시각일 수 있다는 것입니다.

호기심이 많은 아이들은 종종 묻습니다.
"하나님은 어디에 계셔?"

신앙을 마음속에 심어 주기 위해 말해 줍니다.

"○○ 마음속에 계시지."

그렇게 몇 번 믿음의 눈을 마음속에 품도록 말해 주면 아이들은 금방 스스로 말합니다.

"하나님은 내 마음속에 계셔."

우리는 왜 이러한 신앙을 자녀에게 유산으로 물려주어야 할까요?

> 내가 아버지의 이름을 저희에게 알게 하였고 또 알게 하리니
> 이는 나를 사랑하신 사랑이 저희 안에 있고 나도 저희 안에
> 있게 하려 함이니이다
>
> — 요한복음 17장 26절

바로 자녀가 사랑 받고 사랑 주는 존재, 즉 사랑의 존재임을 자각하게 하기 위해서입니다. 우리가 주님 안에 있고, 주님이 내 안에 계시며, 주님의 사랑이 우리를 통해 나온다는 것을 믿을 때 우리는 비로소 사랑을 누리고 나누게 되니까요. 그때 평안, 강건, 담대, 긍휼, 온유, 인내가 자녀에게서 발휘될 것입니다.

우리 자녀들이 그 은혜로운 사랑의 원천이 자신의 마음속에 있음을 언제나 잊지 않고 살아가기를 간절히 소망합니다.

우리 부모 자신을 위해, 그리고 우리 자녀를 위해 에베소 교인을 향한 열망이 담긴 사도 바울의 다음 말씀으로 함께 기도하기를 바랍니다.

(에베소서 3:16) 그 영광의 풍성을 따라 그의 성령으로 말미암아 너희 속 사람을 능력으로 강건하게 하옵시며

(에베소서 3:17) 믿음으로 말미암아 그리스도께서 너희 마음에 계시게 하옵시고 너희가 사랑 가운데서 뿌리가 박히고 터가 굳어져서

(에베소서 3:18) 능히 모든 성도와 함께 지식에 넘치는 그리스도의 사랑을 알아

(에베소서 3:19) 그 넓이와 길이와 높이와 깊이가 어떠함을 깨달아 하나님의 모든 충만하신 것으로 너희에게 충만하게 하시기를 구하노라

(에베소서 3:20) 우리 가운데서 역사하시는 능력대로 우리의 온갖 구하는 것이나 생각하는 것에 더 넘치도록 능히 하실 이에게

(에베소서 3:21) 교회 안에서와 그리스도 예수 안에서 영광
이 대대로 영원 무궁하기를 원하노라 아멘

"문제아는 없고 문제 부모만 있습니다"

마태복음 20장에 포도원 품꾼 이야기가 나온다. (중략) 주님은 오전 아홉 시에 온 자들이나 오후 다섯 시에 온 자들이나 똑같다고 하신다. (중략)

열심히 공부하고 싶어도, 열심히 일하고 싶어도, 어떻게 할 줄 몰라 서성이는 '오후 다섯 시 자녀'가 우리에게 있다. 우리는 "왜 그렇게 사느냐"고, "네가 열심히 하지 않기 때문에 대우받지 못한다"고 몰아붙이지만 주님은 그 자녀들에게도 뜻을 품고 계신다.

오전 아홉 시에 부름 받았다고 박수 칠 일도 아니고, 오후 다섯 시에 부름 받았다고 무시할 일도 아닌 것이다. 일을 더 하든, 덜 하든, 어떤 종류의 일을 하든, 내가 주님의 부름을 받았다는 것, 주님이 주시는 구원 자체가 가장 큰 상급이기 때문이다.

연약한 자를 쓰시는 하나님께서 '못하는 그 부분'으로 내 자녀를 불러 주심을 믿기 바란다. 내 자녀가 지극히 평범하더라도, 혹은 남보다 못하더라도 구원받은 하나님의 자녀로 천국 입성에 계수될 수만 있다면 그것이 최고의 자랑이요, 축복이다.

— 김양재, 〈문제아는 없고 문제 부모만 있습니다〉

마태복음 20장에 포도원의 품꾼 이야기를 통해 우리는 하나님의 공의로우심에 대해 느끼게 됩니다. 사랑으로 우리 모두를 보시는 하나님의 그 공의로우심 말입니다. 정말이지 사람의 생각과는 천양지차입니다.

〈문제아는 없고 문제 부모만 있습니다〉는 자녀를 통해 부모를 하나님께 더 가까이 인도하시기를 원하시는 하나님의 마음을 부모들에게 전달하고 있습니다. 하지만 세상적인 관점에서 자녀를 보는 부모들은 자녀의 성적과 외모를 따집니다. 신자부모들도 하나님의 자녀로서 아이들을 보지 못한 채 세상적인 기준으로 비교, 평가하곤 하지요.

저는 '오후 다섯 시 자녀'에 대한 위 글을 보고 저 자신이 떠올랐습니다. 믿음을 받기 전에 무엇을 해야 할지 모른 채로 방황과 방종으로 보낸 그 긴 세월 동안 저는 '오후 다섯 시 자녀'로 살았기 때문입니다.

그러나 누가복음 15장에 예수님이 비유로 말씀해 주신 탕자 이야기에서처럼 하나님의 공의와 사랑은 부모 곁을 떠나 돈과 시간을 낭비하다 끝내 제 몸까지 혹사하며 떠돌아다니다가 자식이기를 포기한 채 그저 일꾼이나 해야겠다 생각한 채 집으로 돌아온 탕자를 최고로 환대하여 잔치를 베풀어 주시는, 그러한 공의요, 그러한 사랑이십니다. 하나님은 그렇게 우리가 돌이켜 회개하기를 기다리고 계십니다.

자신의 동생인 그 탕자를 질투한 형처럼 우리는 세상적인 사고방식에서 잘 벗어나지를 못합니다. 부모가 자식을 대할 때도 마찬가지인 경우가 참 많지 않습니까? 외동이면 외동대로 다른 집 자식과 비교하고, 둘 이상이면 자녀들을 서로 비교하면서 말입니다.

물론 외동이든, 그 이상이든 대부분은 다른 집 자녀와 비교를 많이 하죠. 정작 속사정을 보면 다른 집과 자신의 형편을 끊임없이 비교하고 있는 부모의 그릇된 생각, 지나친 욕심이 결국 문제입니다.

〈문제아는 없고 문제 부모만 있습니다〉는 자녀라는 존재의 역설적 가치를 잘 보여 줍니다. 힘들게 하는 자식은 그만큼 부모가 연단되도록 돕는 '보물 자식'이라는 것입니다. 그저 자녀가 세상적으로 성공하기를 기대하는 부모는 자녀가 그러한 세상적 기대에 조금만 못 미쳐도 스스로 스트레스를 받고 자녀에게도 스트레스를 줍니다.

그러나 위에 인용한 글에서처럼 '구원이 곧 축복'이라는 생각으로 사람들을 대한다면 우리가 맺는 관계는 전연 달라질 것입니다. 부모 자식 간에도 마찬가지입니다. 가족 간, 친척 간, 이웃 간에도 어떠한 관계든 다 마찬가지입니다. 그저 우리 모두가 구원받아 감사하며 살고 있는가, 그것만을 긍휼과 사랑으로 살필 일입니다.

오늘도, 지금도 자녀 때문에 속앓이를 하는 부모가 많을 것입니다. 그러나 그렇게 부모가 애끓어 하는 그 자녀는 하나님의 부르심 받아 함께 구원의 길을 가라고 부모에게 주신 "기업"이요, "상급"이요, "수중의 화살"입니다.

(시편 127:3) 자식은 여호와의 주신 기업이요 태의 열매는
그의 상급이로다
(시편 127:4) 젊은 자의 자식은 장사의 수중의 화살 같으니
(시편 127:5) 이것이 그 전통에 가득한 자는 복되도다 저희
가 성문에서 그 원수와 말할 때에 수치를 당치 아니하리로다

〈문제아는 없고 문제 부모만 있습니다〉를 보면 세상적인 기대치로 자녀를 바라볼 때는 그런 원수가 없다가, 그동안 자녀를 비난하고 정죄한 자신의 죄를 바라볼 때는 비로소 그 불쌍한 자녀의 영혼이 보였다는 어느 부모의 사연이 나옵니다.

이렇게 자녀의 영혼은 바라보지 못한 채로 그저 자신의 욕망대로 자녀를 키우려는 부모가 상당히 많이 있지 않습니까? 우리 그처럼 헛되게 시간 낭비를 하지 맙시다. 우리가 자녀의 영혼을 살필 때 영적 유산이 대대로 전해지는 축복이 있지 않겠습니까? 영적인 눈으로 자녀를 키우는 부모의 영혼 역시 자녀와 더불어 맑아지고 밝아질 것입니다.

매일 사랑하는 자녀의 손을 잡고 함께 하나님의 부르심 따라 살자며 동역자로서 자녀를 바라보고 축복하고 응원해 주는 부모가 되기를 간절히 소망합니다.

"아버지라는 이름의 큰 나무"

〈아버지라는 이름의 큰 나무〉(레오 버스카글리아 지음)라는 책을 읽고 있습니다.

'아버지라면 품이 크고 넓은 커다란 나무처럼 가족에게 편하고 즐거운 안식처가 되면 좋겠다.'

평소 이런 생각을 하지만, 늘 턱없이 부족하여 아버지의 모범, 아버지의 사랑, 아버지의 헌신이 무엇인가를 제대로 보여 주는 이 책에 귀를 기울이고 있습니다.

읽어 보니 아빠들에게 굉장히 추천할 만한 책이네요. 엄마들이 보아도 좋습니다. 결국 부모의 태도와 말, 행동에 대해 말해 주는 책이니까요. 자녀의 나이에 상관없이 부모라면 어느 때든 보면 좋은 책입니다.

이 책은 자신의 아버지에 대해 이야기하고자 자녀가 쓴 것이라 자녀가 부모에게 받는 영향에 대해서도 생각해 보는 계기가 됩니다.

최근에 아내가 '좋은 부모'에 대해 이야기하면서 두 가지를 말한 적이 있습니다.

❶ 사랑해 주는 것
❷ 경제력

"맞다" 답했습니다. 저의 경우 둘 다 부족하여 '그래야지' 했습니다. 부모에게는 실로 사랑력(力)과 경제력이 필요합니다. 물론 크리스천에게 경제력은 좋은 일을 좋게(올바르고 성실하게) 하면서 돈을 버는 능력이라고 할 수 있겠지요. 버는 돈의 많고 적음보다 나의 꿈과 도전, 성실성과 꾸준함이 경제력의 척도가 될 것입니다.

사랑력과 경제력을 동시에? 가능할까요?

만약 부모가 강하고 담대하다면 어떨까요. 사랑력과 경제력을 함께 지닐 수 있지 않을까요.

강함과 담대함은 참으로 부모에게 필수적인 덕목이라 여겨집니다. '강함'에는 인내심과 끈기, 의지, 포기하지 않음 등이 담겨 있는 듯하고, '담대함'에는 꿈, 용기, 자부심, 도전, 끊임없는 시도 등이 담겨 있는 것 같습니다.

물론, 본질적으로 강함과 담대함은 (한없이) 부족하고 연약한

(나약하기 짝이 없는) 인간 자신에게 있는 것이 아니라, 하나님께 의지함으로 주님 성품과 능력 받아 나타나는 것이겠지요.

그러므로 결국 하나님께 순종하는 부모가 '좋은 부모'입니다.

하나님 앞에서 우리는 자신을 속일 수가 없습니다. 자신을 속이고 있다면 그것은 하나님을 피하고 있다는 반증이 되겠지요. 부모로서의 모습 역시 당연히 나 자신의 모습으로서 하나님 앞에서 조금도 속임이란 있을 수 없습니다. 그러므로 하나님께 순종하고 의지하는 부모는 자녀에 대한 자신의 잘못이나 개선점에 대해 하나님께 회개하고 간구할 수 있게 되겠지요. 한마디로 '하나님 앞에 정직(正直)한 부모'가 되는 것입니다.

〈아버지라는 이름의 큰 나무〉의 소재 되시는 아버지는 좋은 가치관과 참을성과 성실함, 가족과 이웃 사랑을 겸비하신 분인데, 경제적으로는 넉넉지 못했습니다. 품성이 순박하여 사업하다 동업자에게 배신을 당하기도 하고, 부하 직원의 횡령으로 파산을 하기도 했지요. 이것이 가족을 부양하는 이 아버지에게는 크나큰 고난이 되었으나 자신의 인생에 걸쳐 아버지로서 성실함을 놓치지 않았고 자녀를 사랑과 지혜의 길로 인도하는 데 헌신적이었습니다. 이런 아빠가 경제적인 이유로 힘들어할 때 엄마가 자녀들에게 말해 줍니다.

"너희 아빠는 좋은 사람이다. 사람은 누구나 곤경에 빠질 수
있지만, 좋은 사람은 언제든 금방 거기서 빠져나올 수 있단
다. 그게 바로 세상의 법칙이야."

'하나님은 좋은 사람이 계속해서 고난에 처해 있도록 그냥
놔두지 않는다.'는 믿음에서 나온 말입니다. 고난이 축복이 되
는, 세상과 반대되는 이 원리를 체험하게 하심으로써 깨닫고
배우고 자라게 하시는 것입니다. 이처럼 하나님께서 우리를 사
랑으로 훈육하심으로써 가르쳐 주시는 인생 섭리에 대한 믿음
에서 나온 말이지요.

학교 생활 가운데 친구들의 심한 괴롭힘으로 힘들어하는 저
자를 위한 아빠의 말 역시 '믿음'에서 나온 것입니다.

"너 자신을 항상 자랑스럽게 생각해야 한다. 그렇게 하면, 그
누구도 너에게 상처를 주지 못할 거야."

하나님이 만드신 소중한 존재, 특별한 존재가 바로 우리 자
신들임을 믿는 그 믿음으로 이 말을 자녀에게 해 줍니다.

엄마의 말, 아빠의 말을 다시 봅시다.

엄마: "너희 아빠는 좋은 사람이다. 사람은 누구나 곤경에 빠질 수 있지만, 좋은 사람은 언제든 금방 거기서 빠져나올 수 있단다. 그게 바로 세상의 법칙이야."

아빠: "너 자신을 항상 자랑스럽게 생각해야 한다. 그렇게 하면, 그 누구도 너에게 상처를 주지 못할 거야."

하나님 자녀로서 우리가 항상 내 마음 중심에 새기고 지니고 발(發)해야 할 믿음과 태도를 정확하게 가르쳐 주고 있습니다.

'아, 나는 이런 말을 자녀에게 해 주고 있는가. 내 삶으로 그렇게 살아가고 있는가.'

한없이 부끄럽고, 내 자신이 너무나 부족하게 느껴지면서 또한 '아, 정말 저들과 같은 부모가 되어 살아가고 싶다. 저런 사람으로 살아가고 싶다' 하는 간절한 마음이 들었습니다.

결국, '좋은 사람'이 되고 싶다는 마음이 솟구치는 것이지요. 이 마음이 행함과 합쳐졌을 때 우리는 비로소 좋은 사람의 길을 걸어가게 됩니다.

여기서 말하는 '좋은 사람'은 성경에서 '복 있는 사람'과 동일한 의미일 것입니다.

(시편 1:1) 복 있는 사람은 악인의 꾀를 좇지 아니하며 죄인의 길에 서지 아니하며 오만한 자의 자리에 앉지 아니하고

(시편 1:2) 오직 여호와의 율법을 즐거워하여 그 율법을 주야로 묵상하는 자로다

(시편 1:3) 저는 시냇가에 심은 나무가 시절을 좇아 과실을 맺으며 그 잎사귀가 마르지 아니함 같으니 그 행사가 다 형통하리로다

시편 1장 1~3절은 복 있는 사람의 삶의 태도와 그 결과(열매)를 간명하게 말씀하고 있습니다.

(마태복음 5:3) 심령이 가난한 자는 복이 있나니 천국이 저희 것임이요

(마태복음 5:4) 애통하는 자는 복이 있나니 저희가 위로를 받을 것임이요

(마태복음 5:5) 온유한 자는 복이 있나니 저희가 땅을 기업

으로 받을 것임이요

(마태복음 5:6) 의에 주리고 목마른 자는 복이 있나니 저희
가 배부를 것임이요

(마태복음 5:7) 긍휼히 여기는 자는 복이 있나니 저희가 긍
휼히 여김을 받을 것임이요

(마태복음 5:8) 마음이 청결한 자는 복이 있나니 저희가 하
나님을 볼 것임이요

(마태복음 5:9) 화평케 하는 자는 복이 있나니 저희가 하나
님의 아들이라 일컬음을 받을 것임이요

(마태복음 5:10) 의를 위하여 핍박을 받은 자는 복이 있나니
천국이 저희 것임이라

마태복음 5장 3~10절에 이르는, 신앙생활의 근본 원리를
가르쳐 주시는 예수님의 산상수훈(山上垂訓), 곧 팔복에 관한
말씀은 복 있는 사람의 특성을 선명하게 보여 주고 있습니다.

팔복(八福: 심령이 가난함, 애통함, 온유함, 의에 주리고 목마름, 긍휼히 여김, 마음이 청결함, 화평케 함, 의를 위하여 핍박을 받음)은 서로서로 긴밀히 관계를 맺으며 인생 성장 및 열매의 역사를 그려 나갈 것입니다.

좋은 부모, 복 있는 부모의 모습은 이 여덟 가지 복 안에 다 들어 있을 것입니다.

분열과 무관심과 무분별함으로 갈수록 척박해지는 이 시대에 정말로 '좋은 부모'가 많이 나와야겠다 생각합니다.

나부터 하루하루 조금씩 좋은 사람으로 성장해 가야겠습니다. 그리하여 겸손한 나무, 온유한 나무, 화평케 하는 나무, 곧 '사랑의 나무'가 되기를 간절히 소망합니다.

'베베숲' 물티슈는 물티슈 개봉용 스티커에 메시지를 담는데요. (물건에 마음을 담는 이런 시도가 상당히 좋아 보여 상품명을 실었습니다.) 부모가 보기에 때론 유익하고 때론 위로가 되는 내용입니다. 스티커를 떼다가 잠깐 남편으로서, 부모로서의 나 자신에 대해 생각해 보게 됩니다. 위에서 전한 메시지를 떠올리면서 읽어 보시면 좋겠습니다.

• 엄마로서, 아내로서 당신은 지금 그대로 충분히 괜찮아요!

- 엄마도.. 엄마가 보고 싶은 날이 있다
- 그랬으면 좋겠다 잘 먹고 잘 자고.. 엄마가 그랬으면 좋겠다
- 오늘 참 괜찮은 엄마였고, 아빠였다
- 항상 힘이 되어주는 든든한 내 편 고마워요
- 엄마라고 불러줘서 고마워
- 부모가 된다는 것 사랑을 배우는 것
- 사랑해, 라고 말하세요 엄마인 나에게도
- 아이의 행복을 바라는 만큼 당신도 행복해지길
- 아빠! 가끔은 나보단 엄마의 하루를 물어봐주세요
- 그저, 엄마라는 이유만으로 좋아해 주는구나..
- 토닥토닥 오늘도 수고했어요 엄마 ^^

〈아버지라는 이름의 큰 나무〉의 저자 레오 버스카글리아는 〈살며 사랑하며 배우며〉, 〈서로 사랑한다는 것은〉 등을 집필한 베스트셀러 작가로 1998년 74세를 일기로 이 땅에서의 삶을 마감했는데, 그가 숨진 다음 날 그의 타자기에서 다음과 같은 내용이 타이핑된 종이가 발견되었다고 합니다.

"불행 속에서 흘려보낸 모든 순간은 바로 잃어버린 행복의 순간이다."

행복은 늘 내 마음에 있는 것이지요. 그리고 늘 지금 이 순간에 존재하는 것입니다. 하나님께서 언제 어느 때든 나를 통해 그것을 가능케 하시는 분이니 감사 또 감사, 늘 감사드리게 됩니다.

이처럼 천하의 죄인 된 우리를 통해 행복을 창조하시고 전파하시는 하나님의 은혜를 우리가 누리고 나눌 수 있음에 하나님께 감사와 찬양을 올려 드립니다.

오늘도 부모(父母)라는 경이로운 직분으로 인생을 살아가고 있는 엄마들, 아빠들. 주님 안에서 언제나 파이팅입니다! 하나님 믿는 그 믿음으로 강하고 담대한 부모 되어 자녀를 사랑의 길, 지혜의 길, 평안의 길로 인도하는 인도자 되고, 오직 주님 안에서 자녀와 더불어 복음 전하는 삶을 살면서 가족과 이웃 간에 '하나님 한 가족' 동역자 되어 사랑의 은혜를 많이 누리고 나누는 인생들 되길 소망합니다.

이 땅은 매일매일이 어린이날입니다

어른과 어린이가 좋은 관계를 형성하고, 이를 잘 유지, 발전시켜 나갈 수 있다면? 그렇게 함께 커 간다면요? 세상은 어떨까요? 크나큰 변화가 일어나지 않을까요? 우리가 상상하지 못했던 만큼. 우리가 기대하지 못했던 만큼. 마치 우리를 향한 하나님의 사랑처럼요.

안타깝게도 우리는 그동안 이렇게 하지 못했습니다. 어린이에 대한 관심과 이해, 배려는 늘 부족합니다. 일관(一貫)되지 못했습니다. 성숙(成熟)하지 못했습니다.

저 역시 부족한 한 명의 부모로서 두 자녀와 관계를 맺어 나가는 데 많은 고민을 하고 있습니다. 부족한 만큼 고민을 더 하게 되지요. 시간은 화살처럼 지나가 첫째는 중학생이 되었으니 그동안 부모-자녀 관계에 있어 저의 부족했던 시간들에 대해 무척이나 아쉬워하게 됩니다. 그러나 인생에서 늦은 때란 없는 법. 잘못을 알았으면 지금 잘하는 게 하나님 앞에서 늘 부족할 수밖에 없는 인간의 몫이라는 생각입니다.

물론 부모-자녀 관계에 대한 이러한 고민은 끝이 없는, 그러나 행복한 고민이라 생각합니다. 우리가 평소 대인관계에 대해 고민하는 그 시간과 에너지를 자녀에게 많이 가져와야겠다는 생각을 합니다. 자녀는 부모의 사랑으로 배우고 크니까요. 자녀에게 부모는 너무나 중요한 존재입니다. 세상에 부모만큼 자녀에게 영향을 줄 수 있는 존재가 없지요.

부모-자녀 관계를 긍정적인 방향으로 변화하도록 지혜를 전하는 정신건강의학과 전문의 오은영 박사의 '부모 십계명'은 부모가 아이를 대하는 태도에 대해 생각 정리를 해 보게 합니다. 물론 이걸 외운다 해도 정작 실행은 하지 않는다면 아무런 의미가 없겠지요.

부모 십계명의 내용은 다음과 같습니다.

오은영 박사의 부모 십계명

① 아이 말을 중간에 끊지 마세요.
② 따뜻한 눈길로 바라봐 주세요.
③ 여러 사람 앞에서 나무라지 마세요.
④ 때리지 마세요.

⑤ 버릇없이 키우지 마세요.

⑥ 지키지 못할 약속은 절대 하지 마세요.

⑦ 아이가 할 수 있는 일을 대신 해 주지 마세요.

⑧ 자녀에게 사과하는 것을 부끄러워하지 마세요.

⑨ 아이가 '엄마 아빠 정말 미워'라고 화낼 때 너무 속상해하거
나 같이 화내지 마세요.

⑩ 아빠들은 아이와 보내는 시간의 양보다 질을 더 신경 쓰세요.

각각의 내용에 대해 더 생각해 봅니다.

① 아이 말을 중간에 끊지 마세요.

소통의 기본이지요. 두말할 필요도 없이 자녀와의 소통에서
가장 기본적이면서 가장 중요한 것인데, 애정과 관심, 인내심
이 부족해서 중간에 못 참거나 답답해하며 아이 말을 끊고 자
기가 하고 싶은 말을 해 버리는 부모가 많을 것입니다. 자꾸만
이런 식으로 되면 아이는 부모에게 이야기나 의견을 잘 전달
하지 않으려 할 것이고, 이로써 아이는 소통의 기쁨, 소통의 의
지를 상실하게 됩니다. 부모와 자녀 간에 소통의 벽이 생기고
인생의 벽이 생기는 지점입니다.

② 따뜻한 눈길로 바라봐 주세요.

> (오은영 박사: "학습 지도나 밥 차려주기는 다른 사람도 할
> 수 있다. 하지만 부모의 사랑은 부모만이 줄 수 있다. 진심 어
> 린 사랑의 표현도 부모만이 할 수 있다.")

사람이 눈빛이 달라지면 마음도 달라집니다. 나의 사랑하는 자녀에게 차가운 눈길을 보낼 이유도 필요도 전혀 없지요. 어떠한 훈육도 사랑이 없다면 부정적인 영향을 미치고 말 것입니다. 그러니 아이를 볼 때 그 상황이 어떠하든 늘 따뜻한 눈길을 주어야 한다는 점을 잊지 말아야겠습니다. 저는 개인적으로 따뜻한 눈길의 중요함을 매일 느낍니다. 아이를 따뜻한 눈빛으로 바라보는데, 아이와 눈을 세심히 맞추면(아이의 눈을 자세히 들여다보면) 내 마음까지 순수해지고 정화되는 느낌을 받습니다. 참으로 감사한 일입니다.

③ 여러 사람 앞에서 나무라지 마세요.
오은영 박사는 아이에게 창피를 주면 안 된다고 말합니다. 훈계의 의미가 퇴색되니까요. 자녀와 둘만의 시간을 갖는 것이 굉장히 중요합니다. 자녀가 둘 이상이라면 따로따로 시간을 가질 필요가 있지요.

④ 때리지 마세요.

자녀는 부모의 소유물이 아니죠. 폭력은 언어든 행동이든 금물입니다. 부모 자신이 인격을 닦아야 합니다. 감정이 높아지려고 하면 존대어를 쓰는 것이 좋은 방법입니다. 고운 말, 예쁜 말을 쓰도록 합니다. 자녀의 상처는 부모의 언어 폭력, 행동 폭력에서 비롯됩니다.

⑤ 버릇없이 키우지 마세요.

   (오은영 박사: "안 되는 건 안 된다고 딱 잘라 얘기해야 한다.
   하지만 무섭게 해서는 안 된다. 소리 지르지 않고도 얼마든
   지 단호하게 말할 수 있다.")

   부모가 매너 있게, 품위 있게 자녀를 대하면 자녀는 그것을 배웁니다. 그러면서 자녀가 앞으로 바깥에서 맺는 관계에 부모에게서 본 이러한 매너와 품위가 자연스럽게 적용되어 관계를 지혜롭게 해 나가게 되지요.

⑥ 지키지 못할 약속은 절대 하지 마세요.

부모에 대한 신뢰가 부모-자녀 관계에서 매우 중요하기 때문입

니다. 또한 어른인 부모가 약속을 지키지 않고서 자녀가 그러 기를 바랄 수는 없겠지요.

⑦ 아이가 할 수 있는 일을 대신 해 주지 마세요.
자녀는 독립적, 주체적 존재입니다. 한국 부모들이 꼭 알고 지켜야 할 사항입니다. 자녀의 은사 발휘에도 이 길이 최고입니다. 자녀는 창의적, 독창적, 주체적으로 살아가야 할 존재입니다. 오은영 박사는 자녀가 시행착오를 통해 성장하는 게 중요하다고 말합니다.

⑧ 자녀에게 사과하는 것을 부끄러워하지 마세요.
'미안해'의 기적은 자녀에게도 마찬가지로 통합니다. 단, 왜 자녀에게 미안한지 절대 상하 관계가 아닌 관계 당사자 대 당사자의 입장에서 이유를 솔직하게 털어놓아야 합니다. (저의 경우 몇 차례 이렇게 사과를 하면서 자녀의 상처가 씻기기를 기도했는데 부모-자녀 관계에서 꼭 필요한 과정이라는 생각이 들었습니다.)

⑨ 아이가 '엄마 아빠 정말 미워'라고 화낼 때 너무 속상해
   하거나 같이 화내지 마세요.

[오은영 박사: "이럴 때는 가만히 아이의 말을 들어보다가 '어떨 때 엄마(아빠)가 미워? 엄마(아빠)도 알아야 고치지'라고 물어 주셔야 한다."]

부모가 자녀의 감정을 억압하면 결국 자녀가 스스로 감정을 억압하게 되어 사회관계에서도 표현을 잘 못하게 됩니다. 부모는 자녀의 스트레스를 이해할 필요가 있습니다. 부모 역시 한 인간으로서 부족한 존재이기 때문에 자녀들이 부모 때문에 받는 스트레스가 굉장히 많을 수 있음을 늘 생각해야 합니다.

⑩ 아빠들은 아이와 보내는 시간의 양보다 질을 더 신경 쓰세요.

(오은영 박사: "일주일에 한 번을 놀더라도 그 시간만큼은 TV 끄고, 스마트폰 내려놓고 아이에게 집중하시라. 단 30분이라도 아이에게는 아빠가 진심으로 이해하고 공감해 주는 시간이 필요하다.")

바쁘다고 핑계 삼으면 안 될 것입니다. (이를 위해서는 평소에 인생을 부지런히 살 필요가 있습니다.) 단 5분의 대화, 단 10분의 놀이도 아이만 바라보고 아이만 생각하며 그 시간을 함께 즐기기 위해 최선을 다한다면 그 5분, 10분은 자녀의 삶에 충분한 가치가 있을 것입니다. 주말에는 이보다 시간과 에너지를 많이 투자하면 좋겠습니다. 저의 경우 가끔 자녀 이야기만 진심으로 잘 들어주고 리액션만 잘해 주어도 아빠에게 굉장히 만족해하는 걸 경험했습니다. 이때 무슨 평가나 조언을 하려고 하지 않는 것이 좋더군요.

위와 같이 자녀 관계, 자녀 교육 등에 대해 생각 정리를 해 보지만, 저는 참 부족한 부모입니다. 그래도 희망을 잃지 않습니다. 인생은 도전의 연속이니까요.

오은영 박사는 말합니다.

"감정이 요동치는 육아의 바다에서 모두 완벽하게 지키기란 쉽지 않았을 것이다. 육아도 시행착오의 연속이다. 하지만 반성하고 노력하는 사람은 반드시 더 나아지게 된다."

〈끝까지 해내는 아이의 50가지 습관〉(오카자키 다이스케 지음)은 끝까지 해내는 아이는 자신을 믿는 힘, 다른 사람과 잘 지내는 힘, 약속을 지키는 힘, 결과가 나올 때까지 반복하는 힘을 지니고 있다고 합니다. 무슨 일이 있어도 결코 포기하지 않는 사람이 지니고 있는 힘이지요.

이 책이 전하는 어린이와 청소년에게 필요한 능력 네 가지를
그대로 옮겨 봅니다.

① 나 자신과 연결되는 힘(Self Management): 스스로의
감정과 생각, 강점과 약점을 이해하고 자신을 소중히 여
기는 능력

② 타인과 연결되는 힘(Interpersonal): 주변 사람들과 좋은
관계를 형성하는 능력

③ 꿈을 실현하는 힘(Goal Setting): 내가 정한 목표를 달성
하는 능력

④ 문제를 해결하는 힘(Resilience): 문제나 난관에 적절하
게 대처하는 능력

저의 경우 여전히 이 네 가지를 힘들어하고 어려워하는 걸
보면 어린이와 청소년기, 청년기에 성장해야 할 만큼 성장하지
못했다는 생각이 듭니다. (그러나 포기란 없습니다. 하나님은 우리
를 결코 포기하시지 않기 때문이지요. 내게 부족한 면이 있다면 지금
을 감사히 여기며 하나님께 순종하고 의지하며 성장을 추구하면 되
겠지요.)

'자신과 타인과 연결되고, 문제와 꿈에 도전적인 사람'이라야 어른이라 할 수 있겠지요. 우리는 이 땅에서 내게 주어진 삶의 끝날까지 이러한 연결과 도전을 사랑으로 해 나가야 할 것입니다.

문제를 해결하는 힘을 Resilience라고 했는데, Resilience는 회복력을 말합니다. 문제를 해결하기 위해서는 회복력이 필수입니다. 인생은 문제와 시련의 연속이라 마음 중심을 갖고 회복력을 갖추어 나가고 키워 나갈 필요가 있는 것이지요. 크리스천에게 회복력은 당연 하나님의 능력으로 우리에게 주어집니다. 힘들 때, 어려울 때, 난처할 때 하나님 앞에 나아가 기도하며 구해야 하는 것입니다. 물론 기도와 함께 회복을 위한 행동이 있어야겠지요.

우리가 하나님의 사랑을 늘 인식하며 하나님과의 관계를 잘 맺어 나갈 때에 성장과 성숙을 이룰 수 있을 것입니다. 이처럼 하나님 안에서 나날이 성장하는 어른, 나날이 성숙해지는 어른이 되어 아이들에게 모범이 되기를 원합니다.

〈당신에게 무슨 일이 있었나요〉(브루스 D. 페리, 오프라 윈프리 지음)는 내면 상처 극복을 위한 책인데, 자라고 살아온 날들을 다음과 같이 바라볼 것을 권합니다. '내게 왜 이런 일이 생겼지? 그 사람은 왜 내게 그런 거지?'가 아닌 '나의 뇌에 영향을 미칠 만한 어떠한 일이 있었는가? 내게 무슨 일이 있었는가?'라는 질문을 하는 것입니다. Why가 아닌 What으로 질문하는 것이지요.

탓이 아닌 봄(See)입니다. 질문이 달라지면 답도 달라지니까요. 문제와 해결책을 볼 수 있게 하는 지혜로운 길입니다.

〈당신에게 무슨 일이 있었나요〉는 역경과 스트레스에 부딪힐 때 완전히 무너지지 않도록 안전망이 되어 줄 인간관계가 있었는지 각자가 자신의 삶의 역사를 들여다보아야 한다고 말합니다. 그러면서 치유의 가장 중요한 도구로 연결성을 제시합니다. 즉, 타인과 맺는 관계입니다.

어려서 받은 사랑이 회복탄력성을 기르는 토대가 되기 때문에 어른은 특히나 상처 입고 위기에 처한 아이들에게 관심을 갖고 사랑을 해 주어야 합니다. 이렇게 아이들과 연결되려는 노력을 포기하지 말고 해 나가야 합니다. 보아 주고 도와주어야(See & Help) 합니다. 관심을 가지고 지켜보아야 무엇을 도와주어야 할지가 보이고 실제로 도와주게 되지요. 어린이는 늘 이 땅의 희망이므로.

예수께서 이르시되 어린 아이들을 용납하고 내게 오는 것을

금하지 말라 천국이 이런 사람의 것이니라 하시고

– 마태복음 19장 14절

지난주 설교에서 대부분의 회심자가 10대 이하에서 나온다는 조사 결과에 대한 목사님의 말씀을 들었습니다. 이는 우리가 어린아이들에게 하나님의 사랑을 전할 때 그것이 회심(回心)이라는 기적을 일으킨다는 점을 가슴 깊이 새기게 하는 것입니다.

인간은 회심을 통해서 인생이 전격적, 본격적으로 바뀌니, 순수성이 많은 아이들에게는 참으로 사랑을 많이 많이 주어야 합니다.

(목사님은 이 말씀을 하시면서 청소년기 이후에 회심을 하게 된 사람은 엄청나게 감사하면서 살아야 한다고 하셨는데, 저의 경우가 그래서 속으로 너무도 감사한 마음에 울컥했습니다. 하나님을 알고 인생이 완전히 달라진 것을 생각하면 늘 감격스럽습니다. 청소년 회심자뿐 아니라 저와 같은 성인 회심자들이 많이 나오기를 간구합니다.)

물론 우리는 가족과 이웃의 나이에 상관없이 하나님의 사랑을 전하며 전도를 해야 하겠지만, 앞으로 살아갈 인생이 더 많은 아이들에게 사랑을 주는 일은 세상에서 행하는 그 모든 일 중에서 참으로 중요하고 가치 있는 일임을 생각해야겠습니다.

나의 자녀뿐 아니라 바깥에 수많은 자녀에게까지 이러한 관점과 태도를 가지고 따뜻한 눈빛과 말투와 행동으로 그들을 대해야겠습니다.

무조건적인 믿음

EBS에 나온 조남호 강사의 강연을 들었습니다. 자녀의 공부라든지 혼자 공부하는 것(일명 '혼공')과 관련한 강연을 가끔 듣는데, 이분의 이야기는 정말 신선했습니다. 아주 새로웠습니다. 본질(本質)을 말하고 있었습니다.

강연을 요약하면 '아이가 공부를 잘하든 못하든 무조건 믿어 주라'는 것이었습니다. 그리고 언제나 아이에게 희망을 가지고 '넌 할 수 있다'고 말해 주라는 것입니다.

이 강연은 그동안 수많은 사람이 말하고 행했던 '본질을 벗어난 공부법'에 대해서는 조금도 권하지 않고 있었습니다. 예를 들면 '공부는 너의 의지, 너의 노력으로 되는 거야'라는 것 말이죠.

강연에서는 계속 힘주어 말하고 또 말합니다.

결국, '부모의 믿음'이라는 것입니다.

저는 이 강연을 듣고 부모로서 반성과 결단을 하게 되기도

했지만, 여기서 말하는 부모의 모습이 하나님이 우리를 대하시는 그 모습 아닐까 생각해 보게 되어서 기뻤습니다.

하나님은 우리가 잘하든 못하든 우리를 사랑하시고 믿어 주십니다. '넌 할 수 있다'고 말씀하십니다. 그냥 할 수 있는 게 아니라 너에게 믿음이 있고 내게 구하면 무엇이든 할 수 있다고까지 말씀하십니다. 산을 옮기는 믿음의 능력입니다.

조남호 강사는 이야기합니다. 그냥 말로 하는 게 아니라 진심으로 아이를 전적으로 믿어 주는 그 같은 마음을 가지고 살고 또한 그렇게 자녀를 대하라고.

'나의 자녀는 무엇이든 할 수 있어'라고 생각하고 살고, "넌 무엇이든 할 수 있어"라고 진심으로 그렇게 믿고 말해 주는 것입니다.

여기서 조남호 강사가 중요하게 말한 것이 있습니다.

'믿음을 주면 방법을 찾게 된다'는 것입니다.

인생도 그렇지요. 우리는 믿음에서 시작하여 살아가는 법을 깨우치게 됩니다. 그리고 부지런히 달려가지요.

방향을 알아야 달려가는 게 의미가 있습니다.

공부도 그렇다는 것이지요. 공부의 목적과 방법을 깨치지 않고서야 공부가 잘될 리 없겠지요.

설령 타의에 의해, 혹은 맹목적인 반복에 의해 성적이 잘 나

오고 명문대에 갔다 한들 이런 학생이 살아갈 때 자존감과 자신감을 가지고 살아갈 것인지는 심히 의문입니다.

그래서 조남호 강사도 말합니다. 꼭 명문대에 들어가야 하는 게 아니라고요. 그렇습니다. 자존감과 자신감이 있는 사람이 제대로 살고 제대로 관계하고 제대로 일합니다.

그 제대로 된 삶을 살아가도록 부모는 믿어 주기만 하면 되는 것이지요. 성적이 잘 나오게 하기 위해서도 아니고 명문대에 들어가게 하기 위해서도 아니라 그저 내 자녀니까 무조건적으로 믿어 주는 것입니다.

"넌 잘할 거야!"

"넌 잘 살 거야!"

자녀로서의 저의 경험이나 부모로서의 저의 경험에 비추어 보아도 정말 이 말은 맞습니다. 우리는 무엇을 잘하기보다는 혹은 나중에 무엇을 잘해야 하기보다는 지금 내 얼굴이 내 마음이 웃고 사는 것이 중요합니다. 당장 내 자녀의 오늘이 우울하다면 내일은 웃을 수 있을까요?

한국의 사회 및 교육 환경은 너무나 안타까운 면이 많기에 우리는 정말 부모도 자녀도 웃을 수 있는 본질적 변화를 도모해야 합니다.

조남호 강사 본인이 중학교까지 공부를 못하고('안 하고'라고 해야 정확하겠죠) 고등학교 1학년인가 되어서야 늘 변함없는 부모의 믿음 덕분에 공부하는 방법을 알게 되었다고 합니다. 그런 때가 온다는 것이죠. 그러나 방법을 깨우쳤다고 당장 변화되지는 못하는 법.

애석하게도 고등학교 3학년을 마무리하기까지 성적이 잘 나오지 않았습니다. 하지만 어머니는 그를 끝까지 믿고 응원해 주었습니다. 그리고 수능 날 그동안 내재되었던 깨달음과 그동안 유지했던 부지런함이 빛을 발하게 됩니다.

수많은 아이가 고생하고 있습니다. 그저 사회에서 학교에서 경쟁하도록, 암기하도록 말이죠. 자신의 재능이 무얼까 고민할 시간에 학원으로 내몰리고 그 바쁘고 피곤한 인생을 어려서부터 살아가야 합니다.

그렇게 성인이 된다고 해서 크게 달라지는 것은 없습니다. 그 상처와 고통을 어쩔 건가요.

어른인 우리가 변화해야 합니다. 부모는 아이들의 피난처이자 안식처가 되어야 합니다.

주님이 우리의 그 같은 반석 되시듯이요. 부모는 아이를 믿어 주고 지지해 주고 응원해 주면 됩니다. 사실 이게 부모의 사명이자 도리이자 역할이지요.

삶은 믿음으로 시작해 믿음으로 끝난다는 점. 우리는 그 믿음 안에서 재능이 무엇인지 알게 되고, 배울 줄 알게 되고, 나눔을 하게 됩니다. 진정한 삶의 기쁨과 보람을 느낄 줄 알게 되는 것이지요.

이날 들은 강연은 단지 아이들을 대하는 부모의 자세뿐 아니라 우리 삶의 자세에도 그대로 적용되어야겠다 생각하게 되었습니다. 믿음 → 방법 → 노력의 순이지만 늘 믿음이 본질입니다. 신앙생활도 마찬가지이지요.

참으로 감사한 것은 이 믿음이라는 것이 하나님의 은혜로 우리에게 값없이 주어지는 것이고 하나님의 변함없는 사랑에 대한 것이기에 나라는 존재의 모양에 상관없이 우리는 늘 믿음생활을 해 나갈 수 있다는 것이지요. 회개를 통해 변화되는 삶입니다. 성장하고 성숙해지는 삶입니다.

그리고 우리에게는 믿음이 전부입니다. 그래서 고민의 여지가 없습니다. 방황의 여지가 없습니다. 그러므로 우리에게 값없이 믿음 주신 그 기쁨 속에서 희망찬, 보람찬 일상을 살아가시기를 축복드립니다.

(히브리서 10:38) 오직 나의 의인은 믿음으로 말미암아 살리라 또한 뒤로 물러가면 내 마음이 저를 기뻐하지 아니하리라 하셨느니라

(히브리서 10:39) 우리는 뒤로 물러가 침륜에 빠질 자가 아니요 오직 영혼을 구원함에 이르는 믿음을 가진 자니라

(히브리서 11:1) 믿음은 바라는 것들의 실상이요 보지 못하는 것들의 증거니

(히브리서 11:2) 선진들이 이로써 증거를 얻었느니라

(히브리서 11:3) 믿음으로 모든 세계가 하나님의 말씀으로 지어진 줄을 우리가 아나니 보이는 것은 나타난 것으로 말미암아 된 것이 아니니라

(히브리서 11:4) 믿음으로 아벨은 가인보다 더 나은 제사를 하나님께 드림으로 의로운 자라 하시는 증거를 얻었으니 하나님이 그 예물에 대하여 증거하심이라 저가 죽었으나 그 믿음으로써 오히려 말하느니라

(히브리서 11:5) 믿음으로 에녹은 죽음을 보지 않고 옮기웠으니 하나님이 저를 옮기심으로 다시 보이지 아니하니라 저는 옮기우기 전에 하나님을 기쁘시게 하는 자라 하는 증거를

받았느니라

(히브리서 11:6) 믿음이 없이는 기쁘시게 못하나니 하나님께
나아가는 자는 반드시 그가 계신 것과 또한 그가 자기를 찾
는 자들에게 상 주시는 이심을 믿어야 할지니라

(히브리서 11:7) 믿음으로 노아는 아직 보지 못하는 일에 경
고하심을 받아 경외함으로 방주를 예비하여 그 집을 구원하
였으니 이로 말미암아 세상을 정죄하고 믿음을 좇는 의의 후
사가 되었느니라

(히브리서 11:8) 믿음으로 아브라함은 부르심을 받았을 때에
순종하여 장래 기업으로 받을 땅에 나갈새 갈 바를 알지 못
하고 나갔으며

(히브리서 11:9) 믿음으로 저가 외방에 있는 것같이 약속하
신 땅에 우거하여 동일한 약속을 유업으로 함께 받은 이삭과
야곱으로 더불어 장막에 거하였으니

(히브리서 11:10) 이는 하나님의 경영하시고 지으실 터가 있

는 성을 바랐음이니라

(히브리서 11:11) 믿음으로 사라 자신도 나이 늙어 단산하였
으나 잉태하는 힘을 얻었으니 이는 약속하신 이를 미쁘신 줄
앎이라

자녀 교육

자녀 교육은
부모의 크기만큼.

부모의 사랑
부모의 마음
부모의 지혜

부모의 품
부모의 덕
부모의 격

부모의 눈
그 크기만큼.

"틀 밖에서 놀게 하라"

아이들은 다채로운 경험을 하면서 여러 가지 방법으로 사고
력을 키우게 되지만 다양한 전자기기에서 나오는 영양가 없
는 영상이나 게임, 인스턴트 같은 시스템은 아이의 사고력을
마비시킨다. 정성을 들여 음식을 만드는 대신 쉽고 빠른 인
스턴트식품을 먹는 것처럼 깊은 독서를 통해 지식을 얻는 대
신 영상으로 겉핥기식 정보를 얻는다.

－ 김경희, 〈틀 밖에서 놀게 하라: 세계 창의력 교육의 노벨상

'토런스상' 김경희 교수의 창의영재 교육법〉

정말로 맞는 말이죠. 물론 SNS나 유튜브의 득이 아예 없는
것은 아닙니다. 유용한 정보를 빠르게 공유할 수 있는 장점이
있습니다. 게임도 하나의 유희가 될 수 있지요. 그러나 모든 일
이 그렇듯 과하면 문제가 되더군요. 그리고 우선적으로 SNS와
유튜브에 유익한 것이 올라와야 합니다.

저는 SNS와 유튜브에 유익한 것이 많이 올라오기를 바랍니다. 이것은 우리가 할 일이죠. 저는 SNS와 유튜브를 사용하기가 싫어서 여기에 콘텐츠를 올리지 않았었는데, 또또규리 출판사의 첫 종이책을 출간하면서 네이버 블로그와 인스타그램, 유튜브에 글과 이미지, 동영상을 올리기 시작했습니다. SNS나 유튜브에 무언가를 올린다면 '좋은 것을 나눈다'는 취지와 의도, 노력이 전제되어야 할 것입니다.

아무리 SNS나 유튜브를 통해 무언가를 배우게 된다 하여도 우리는 여전히 경험하여 깨닫는 게 많은, '경험(經驗)의 인간'입니다. 인생이란 경험의 총체이지요. 그러므로 경험의 힘을 결코 무시할 수 없습니다.

경험은 직접 경험과 간접 경험으로 나뉩니다. 직접 경험은 새로운 것에 도전하는 것이며 성취를 쌓아 나가는 것입니다. 간접 경험의 최고의 길은 인터넷이 아닌 책입니다. 책이 저자의 직접 경험과 간접 경험을 응축한 것이기 때문입니다. 물론 이때의 책 역시 유익하게 쓰여야 한다는 전제 조건이 성립되어야 합니다.

근 몇 년간의 도서 시장은 SNS에 올린 비슷비슷한 내용의 글들이 에세이라는 이름으로 많이 출간되며 'SNS의 도서화'라는 경향을 보이고 있습니다. 이것은 SNS의 성장과 더불어

'누구나 작가가 될 수 있다'라는 당연한 말을 넘어 '누구나 책을 낼 수 있다'는 당연하지 않은 말이 현실화된 경우입니다. 전문성이나 차별화와는 거리가 먼 책들은 간접 경험의 폭이나 질을 떨어뜨리기도 합니다. 이것은 에세이뿐만 아니라 자기계발서에도 해당하는 이야기인데, 결국 저자의 경험의 폭이 좁고 깊이가 부족해서 벌어지는 일일 것입니다.

저의 경우에도 글을 쓸 때 이러한 측면을 늘 생각하게 됩니다. 만약 전문성이 떨어지고 차별화된 글을 쓰지 못한다면 그저 그런 책으로 도서 시장을 흐리는 격이 되고 말 테니까요. 또한 비슷비슷한 내용의 책이 시장에 많이 나오면 독자는 선택하기가 힘들어집니다. 책 만드는 사람들이 서로 다른 내용의 책을 만들고자 분투해야 하는 까닭입니다.

본론으로 돌아와 김경희 교수는 〈틀 밖에서 놀게 하라〉에서 아이가 세상을 다른 시각으로 보도록 다음의 것들을 실행하여 아이를 도와주라고 말합니다.

- 남들과 똑같이 생각하도록 강요받는 것을 찾아보고 반대 의견을 내게 한다.
- 위험하지 않다면 금지된 것이나 불가능해 보이는 것을 시도해 보게 한다.

- 아무리 바빠도 아이가 하루에 최소 두 시간은 전문성을
  키우는 데 몰입하게 한다.

  – 김경희, 〈틀 밖에서 놀게 하라〉

우리 한국 부모들이 참으로 해 주지 않는 것들이지요. 더구
나 미세먼지라든지 코로나 팬데믹, 심각한 무더위 같은 기후변
화 등으로(이것은 지구를 잘못 사용한 우리 어른들의 잘못이지요)
아이들은 점점 더 바깥 생활을 하지 못합니다. 아이들은 친구
와 노는 대신 학원에 가거나 스마트폰과 컴퓨터를 이용하는
데 많은 시간을 할애합니다.

엎친 데 덮친 격으로 코로나로 학교에 못 갈 때는 온라인 수
업을 해야만 했습니다. 코로나는 관계 중심으로 살아가야 할
사람들로 하여금 비대면이 친숙해지도록 하는 심각한 후유증
을 낳았지요.

아무튼 요새 사람들은 컴퓨터와 스마트폰을 사용하느라 책
은 잘 보지 않죠. 작금의 상황을 진단해 보자면, 직접 경험과
간접 경험 두 가지가 다 부족한 것입니다.

이러한 시대에 부모가 아이를 도와주어야 합니다. 상황적으
로 집에서 많은 시간을 보내더라도 집에서 할 수 있는 도전적
인 것, 창의적인 것을 찾아야 합니다. 틀 밖에서 놀게 하는 것

이지요. 무엇이 있을까요? 고민해 보고 함께 시도해야겠습니다. 사소한 것이라도 좋습니다. 아이에게는 작은 일이 큰 일이 되니까요.

물론 가능할 때마다 밖에서 놀도록 해 주어야 합니다. 햇볕을 쬐고 바깥 공기를 마시며 친구들과 뛰어놀 때에 아이들은 즐겁고 또한 자라게 됩니다. 관계를 배우고 놀이를 배웁니다.

이처럼 직접 경험의 폭을 넓혀 나가면서 양서를 골라 읽는 것을 부모가 도와주거나 함께해 주거나 체크하거나 하면 바람직한 자녀 교육이 될 것입니다.

우리가 아이를 구하면

아동구호단체 세이브더칠드런의 홍보물에 다음과 같이 적혀
있습니다.

"우리가 아이를 구하면
아이가 세상을 구한다."

부모로서 아이를 대하는 하루의 일과가 작은 일 같지만, 그
것이야말로 큰 변화를 이끌어 내는 위대한 일이라는 사실을
위 문구를 보고 새삼 깨닫게 됩니다.

아이를 구하는 일이란 무엇일까요?

관심을 주고 대화를 하고 함께 놀고, 꿈을 꾸고 도전하도록
도우며 변화를 함께 이루어 나가는 것이겠지요.

물론 이 모든 것이 전부 다 아주 작은 것부터 해 나가는 것일
겁니다.

함께 노래하고 함께 춤추고 함께 웃고……. 함께하는 그 모든 순간들. 그것이 쌓여 아이가 성장하는 것일 테고요.

결국 사랑을 주는 것이죠.

아이는 부모가 신경을 쓰지 않으면 티가 난다고 하지요. 정말 아이를 보면 그렇습니다. 자녀는 부모의 양육을 필요로 하기 때문에 충분히 양육받지 못하고 있으면 몸이 아프고 마음이 아프게 됩니다. 이것은 훗날 성인이 되어 육체적, 정신적 고통이나 질병으로 나타나기도 하지요.

아이를 대하기 이전에 부모가 우선 어른이 되어야겠지요.

어른이란 어떠해야 하는 걸까요?

제 생각에는 마음이 커야 하는 것 같습니다. 그래야 다른 사람을 품지요.

특히 '부모어른'은 아이를 품어야 합니다. 일희일비하지 말고 온유한 시선, 폭넓은 시야로 아이를 대해야겠습니다.

물론 아이에게 하는 작은 말 한 마디, 짧은 눈빛 한 번, 이런 게 소중합니다. 그 말, 그 눈빛이 아이의 발전을 통하여 세상을 구할 테니까요.

정말,
우리 아이들은

소중한 존재입니다.

(누가복음 18:16) 예수께서 그 어린아이들을 불러 가까이 하시고 이르시되 어린아이들이 내게 오는 것을 용납하고 금하지 말라 하나님의 나라가 이런 자의 것이니라

(누가복음 18:17) 내가 진실로 너희에게 이르노니 누구든지 하나님의 나라를 어린아이와 같이 받들지 않는 자는 결단코 들어가지 못하리라 하시니라

칭찬이란

> 칭찬이란 상대방의 장점을 발견해서 진심을 담아 표현하는
> 것. 마음을 움직이고 사람을 변화시키는 강력한 힘!

둘째 딸(글 쓸 당시 8세, 초등학교 1학년)이 그림 그리는 걸 좋아해서 제 아내가 미술학원에 데리고 갔습니다. 첫째 딸(글 쓸 당시 13세, 초등학교 6학년)도 함께 다니게 할까 싶어 온 가족이 그 미술학원에 갔는데 한쪽 벽에 위 문구가 붙어 있더군요. 칭찬에 대한 적확한 정의로 보여서 사진을 찍어 왔습니다.

진정한 칭찬을 하려면 상대방에 대한 관심이 우선 있어야 하고 한동안 유심히 관찰하여 장점을 발견해야 합니다. 그리고 그 장점에 대해 진심으로 표현하는 것이죠. 그 장점을 승화시켰을 때의 모습이나 효과까지 상상하도록 격려를 해 주어도 좋겠지요.

칭찬의 힘은 놀랍습니다. 부모가 자녀에게, 선생이 제자에게

위와 같이 '정성스러운' 과정을 거쳐서 진심으로 칭찬을 한다면 놀라운 변화가 그들에게 일어날 것입니다.

"자녀를 노엽게 하지 말고" 2

(에베소서 6:4) 또 아비들아 너희 자녀를 노엽게 하지 말고 오직 주의 교양과 훈계로 양육하라
(Ephesians 6:4) Fathers, do not exasperate your children; instead, bring them up in the training and instruction of the Lord.

어제 주일 설교 말씀은 가정의 달 5월을 맞아 자녀 양육에 관한 주제를 다루었습니다.

에베소서 6장 4절 말씀에서 자녀를 노엽게 한다는 것은 '부모가 지나친 요구를 하는 것'이라고 합니다. 이것은 단지 학업이나 성공 같은 것뿐 아니라 감정적으로 지나치게 대하는 경우까지 포함하는 것이겠지요.

설교에서 특히 부모가 모범이 되어야 함을 강조했는데, 그 이유는 인간은 본성이 악하여 부정적인 것을 따라 하게 되기

때문이라는 것입니다. 맞는 말씀이지요. 부지불식간에 안 좋은 것을 따라 하게 됩니다. 좋은 걸 따라 하면 좋은데 그렇게 잘 안 되는 것이 인간의 속성인 것이 안타까운 점이죠.

부모가, 자녀가 잘 살기를 바라면서도 오히려 자녀에게 안 좋은 모습을 보이면 자녀가 그 안 좋은 모습을 따라 하게 될 수 있으니 참으로 경각심을 가져야 할 대목입니다. 부모가 자녀의 앞길을 막고 망치는 꼴이니까요. 그러므로 부모는 매일 목적이 분명한, 삶에 대한 긍정적 긴장감 속에서 살아야 할 것입니다. 이는 부모가 자신의 인생 가운데서 성장하는 데에도 굉장히 유익한 일이기도 하겠지요.

'노엽게 한다'로 번역된 영단어 exasperate는 '몹시 화나게 하고 몹시 짜증나게 하는 것'입니다. 사랑과 신뢰로 자녀를 대해야 할 부모가 자신이 부족한 걸 생각 못 하고 자기 아집(我執: 자기중심의 좁은 생각에 집착하여 자신만을 내세워 버팀)을 자녀에게 강요할 때 상처를 주게 되고 자아존중감을 떨어뜨리며 기를 죽여서 앞으로, 그리고 바르게 나아가지를 못하도록 막는 격이 됩니다.

자신의 감정을 스스로 제어하지 못한 채로 아이를 대할 때도 마찬가지입니다. 부모의 이런 모든 행위가 아이의 성장을 가로막습니다. 인생을 괴롭게 살게 합니다.

부모는 마땅히 자녀가 강하고 담대하게 인생과 세상을 살아가도록 의지처가 되고 격려와 도움과 배움이 되어야 할 것입니다.

중요한 것은, '인간은 누구나 부족하다는 관점을 늘 견지하는 것'이겠지요. 그래야 겸손하게 자녀 양육을 할 수 있을 것입니다. 그리고 또 중요한 건 '늘 자녀를 독립적인 존재로 보는 것'일 겁니다.

부모와 자녀는 서로에게 배우는 개별적 존재이며, 특히 부모는 자녀를 사랑하고 자녀에게 용기를 북돋아 주는 존재여야 합니다.

저 역시 너무나 부족하기에 자녀 양육에서 서툴고 잘못하는 것이 많습니다. 그래서 늘 좋은 부모가 되고 싶은 소망을 가슴속에 품게 됩니다.

중요한 건, 부모가 자녀를 노엽게 하면 안 된다는 것. 그러려면 특히 부부 싸움을 하지 않고 부부가 화목할 것, 부부간에 사랑을 표현할 것, 부모가 자신의 삶과 가정의 삶에 성실할 것, 가정을 지킬 것, 부부가 서로에게 충실할 것, 부모가 아름다운 말을 할 것. 한마디로 부부간에 늘 사랑과 도움, 배려가 오갈 것.

만약 가정이 혼란스럽고 끝내 가정이 깨어지기까지 한다면 이미 돌이키기 힘들 정도로 거세고 질긴 악영향이 그 가족에게 미칠 것입니다. 그러므로 우리는 늘 가정 안에서 '사랑과 성실과 신뢰로 사는 삶'에 헌신해야 할 것입니다.

'늦은 때란 없다'는 말은 자녀에 대한 부모의 태도에도 적용되는 말 같습니다. 내가 자녀에게 미안한 게 있으면 정직하게 그 미안한 일에 대해 이야기하고 나와 자녀를 위해 좋은 쪽으로 변화하면 될 일입니다. 미안함을 꼭 표현하고, 그다음의 변화를 이루어 내는 일을 결코 미루면 안 됩니다. 나 자신의 인생도 금방 지나가며 아이의 인생도 금방 흘러가기 때문이지요.

〈부모와 아이 중 한 사람은 어른이어야 한다〉는 제목의 책이 있습니다. 제목을 보고 반성하게 됩니다. 부모는 '잠깐 어른'이어서는 안 되고 아이 앞에서 '항상 어른'이어야 하죠.

육체적, 정신적으로 힘들다고 어른이기를 포기해서는 결코 안 됩니다. 이 책에는 훈육과 화풀이를 구분하는 네 가지 방법이 나와 있습니다.

1. 훈육은 아이의 말에 귀를 기울이지만 화풀이는 아이의 말에 귀를 닫는다.
2. 훈육은 아이에게 대안을 제시하지만 화풀이는 아이를 통제하기 위한 수단에 불과하다.

3. 훈육은 일관되게 이뤄지지만 화풀이는 거리의 네온사인처럼 시시각각 변한다.
4. 훈육은 어른으로서 품위와 권위를 지켜내지만 화풀이는 부모를 아이로 만든다.

반성하게 되고 동의하게 됩니다. 그러나 저는 4번과 같은 표현은 평소에도 하지 않으려 합니다. 화풀이를 하면 부모가 아이가 되는 것이 아니라, 부모가 인간이 안 되는 것이죠. 아이는 어른보다 낫습니다. 망치는 건 어른입니다.

아, 부모는 정말 자녀에 대해 초심(初心)과 중심(中心)을 잘 잡아야겠습니다. 마음이 중심이 잡히고 성숙해져야겠습니다.

주님, 오직 주님의 교양과 훈계로 자녀를 양육하게 하소서. 진정한 사랑으로 자녀를 키우게 하소서.

긍정의 세계관

어떤 위인도 태어날 때부터 훌륭한 사람은 없지만, 훌륭한
위인 뒤에는 늘 훌륭한 누군가가 있었다. 위인의 뒤에 있던
누군가는 그가 어릴 때부터 자신을 긍정적으로 볼 수 있게
도와주었다. 부모는 아이에게 가진 기대감 혹은 자부심을 긍
정적인 언어로 계속 표현하고, 아이에게 긍정적인 경험의 기
회를 꾸준히 제공해주어야 한다. 그러면 아이는 부모를 믿
고, 세상을 무궁무진한 가능성의 공간으로 보게 된다.

– 김경희, 〈틀 밖에서 놀게 하라〉

자녀에게는 〈틀 밖에서 놀게 하라〉에서 저자가 말하듯이 긍
정적인 마음과 긍정적인 언어로 스스로 기대감과 자부심을 가
질 수 있도록 표현해 주어야 할 것입니다.

당연한 이야기지만 위에서 인용한 대로 일단 나 자신이 상대
방에 대한 기대감과 자부심을 가져야 진정으로 그와 같이 표

현할 수 있을 것입니다.

이때 세상은 비교와 경쟁, 한계의 공간이 아니라 공존과 협력, 도전의 공간이 될 것입니다. 갇힌 공간이 아닌, 열린 공간이 될 것입니다. 풍요가 나누어질 것입니다.

현시대에 우리에게 가장 필요한 변화가 이런 변화 아닌가요. 우리는 이렇게 스스로 도전적으로 자신만의 창의성을 발휘하며 살아 나가야 할 것입니다. 이때 우리는 각자 그리고 서로 긍정적인 경험을 충분히 누리고 나누게 될 것입니다. 각자의 개성과 재능이 발휘되면서 서로에게 도움이 되는 세상이 될 것입니다.

많은 사람이 이러한 세계관, 이러한 가치관을 품고 이를 실행에 옮기는 부모, 선생이 되기를 소망하게 됩니다.

본 대로

사람은 하라는 대로 하지 않지만, 본 대로는 한다.

– 나태주, 〈부디 아프지 마라〉

이것이 부모가 모범이 되어야 하는 까닭이며, 각자 무엇을 볼지 선택을 잘해야 하는 이유입니다.

자녀의 기를 살려 줍시다

기(氣)를 죽인다면 그건 교육이라 할 수 없습니다. 교육이라면 기를 펴고 주체적(主體的)으로 살도록 도와주어야 하기 때문이지요.

최근 한 연구에 따르면, 부모가 엄격하게 자녀를 대했을 때 자녀의 뇌에까지 변화를 일으켜 판단이나 정서에 문제를 일으킬 수 있음이 확인되었습니다.

여기서 엄격함이란 언어적 폭력, 신체적 폭력, 심각한 분위기, 과도한 표현, 반복적 잔소리, 아이 탓 등을 모두 포괄한다고 보아야 할 것입니다.

저는 가정의 분위기가 매우 중요하다고 생각합니다. 가정의 분위기가 좋은데 폭력이나 억압이 발생하기는 어렵겠지요.

이때 앞에서도 말했듯이 아버지의 역할이 상당히 큽니다. 아버지의 웃음과 여유가 가정의 행복을 만들어 내지요. 아버지는 남편과 가장으로서 아내와 자녀를 행복하게 해 줄 의무가 있습니다. 아내와 자녀를 괴롭히거나 노엽게 하면 안 됩니다.

혹여 경제적으로 어려울 때조차도 아버지는 희망을 이끌어 내고 비전(vision: 장래에 대한 구상. 이상으로서 그리는 구상)을 가지고 가족을 이끌어야 합니다. 힘들 때 힘을 낼 줄 알아야 합니다. 힘들수록 여유를 가지는 사람이 되어야 합니다.

이것이 힘든 일이겠지만 역설적으로 마음에 여유를 가지면 일이 잘 풀리죠. 그리고 보면 힘들 때 오히려 힘을 빼는 게 유익이 됩니다.

가장 중요한 것! 아버지는 가족의 기를 살려 주어야 합니다. 물론 가족들도 가장을 믿어 주고 지지해 주어야겠죠. 아내는 남편으로서 기를 살려 주고, 자녀는 가장으로서 기를 살려 주고요. 아내의 인정, 자녀의 포옹이 가장의 기를 살려 줄 것입니다.

기(氣)의 사전적 의미는 '활동하는 힘', '숨 쉴 때 나오는 기운'입니다. 동양 철학에서는 '만물 생성의 근원이 되는 힘'을 기(氣)로 보며 이(理: 만물 생성의 근원이 되는 정신적 실재)에 대응되는 것으로서 물질적인 바탕을 이른다고 하지요.

사람이 답답해지면 숨부터 제대로 쉬지 못합니다. 숨을 편안히 쉬고 육체적, 정신적으로 활동하게 해 주는 힘이 기(氣)이니 기가 사는 것, 기를 펴는 것은 인생을 살아가는 데 필수적이라고 할 수 있을 것입니다.

  자녀의 기를 살려 주려면 무엇을 해야 할까요?
  둘째 딸이 다녔던 유치원에서 부모 교육 자료로 제공한 '내 아이를 변화시키는 최고의 한마디'에 답이 있습니다.

- 너한테 맡길게 – 아이의 능력을 키워 주는 말
- 너한테 배워야겠다 – 책임감을 길러 주는 말
- 다음에는 더 잘할 거야 – 실패를 위로하는 말
- 겁내지 않아도 돼 – 좌절을 극복하게 하는 말
- 넌 용감한 아이야 – 나약한 마음을 극복하게 하는 말
- 네가 하고 싶은 대로 하렴 – 아이를 지지하는 말
- 다른 사람을 따라 하지 않아도 돼 – 아이의 자주성을 키워 주는 말
- 좋은 생각이 떠오를 거야 – 아이의 아이디어를 격려하는 말
- 조금만 더 힘을 내 – 아이의 발전을 유지시키는 말
- 너 때문에 즐거워 – 아이를 행복하게 하는 말
- 빨리 배우는구나 – 아이가 발전을 보일 때 하는 말

  교육은 자녀의 행복과 발전을 위해서 하는 것이죠. 위와 같

이 부모가 말해 준다면 교육다운 교육이 가능할 것입니다. '자녀의 기를 살려 주는 교육'이요.

부모의 사랑의 마음을 위의 말들에 담아서 매일매일 아이의 마음에 사랑을 심어 줍시다. 엄격함 대신 온유함으로 아이를 대하면서요.

눈물이 소중한 시대

성장제일주의의 깃발 아래 효율은 우리의 유일한 가치가 되고 인성이나 감성은 뒷전이 되어버린 것이다. (중략) 감성이 회생해야 인간다움이 돌아온다. 감성은 인간만이 가질 수 있는 것이며, 우리의 살아 있음을 깨우치게 하는 증거다. 그리고 살아 있는 한 감성은 무한히 깊고 넓어질 수 있는 영역이다.

— 이시형, 〈어른답게 삽시다〉

인성(人性: 사람의 성품)과 감성(感性: 자극에 대하여 느낌이 일어나는 능력)이 중시되지 않는 사회에서 어른의 숫자는 줄어만 갑니다. 자기 안으로만 침식해 들어가는 어리석고 모자란 사람이 되지 말아야겠습니다.

인성과 감성이 정말로 우리에게는 필요합니다. '눈물'이 소중한 시대입니다.

부모가 자녀에게 물려줄 것이 바로 인성과 감성입니다. 그러려면 우선적으로 부모가 인성과 감성을 갖추어야 합니다. 인성과 감성을 갖추려면 무엇이 가치 있고 의미 있는 것인지 생각하며 살아야 하겠지요.

자녀 사랑이란

'103세 철학자' 연세대 김형석 철학과 명예교수의 자녀 사랑에 관한 인터뷰를 보고 이렇게 자녀를 대해야겠구나 다짐하게 됩니다.

"사람을 사랑하는 첫째 조건이 뭔지 아나. 그 사람의 자유를 소중하게 여기는 거다. 아이를 사랑한다면, 아이의 자유를 정말 소중하게 여겨야 한다."

"자식이 어릴 때는 보호하는 거다. 지켜주는 거다. 유치원 다닐 때부터 사춘기까지는 손잡고 같이 간다. 나란히 걷는다. 스승과 제자처럼 말이다. 성인이 되면 달라진다. 아이를 앞세우고 부모가 뒤에 간다. 그때는 이렇게 말한다. '나는 이렇게 생각하는데, 더 좋은 것이 있다면 네가 선택해서 해라'."

사람 사랑의 첫째 조건이 그 사람의 자유를 소중히 여기는 거라는 것. 이걸 놓치지 말아야겠습니다.

신앙에 대한 비신앙인의 제일(第一) 고민이 무엇일까요? 이것은 신앙인인 제게도 줄곧 고민이었습니다.

'왜 첫 번째 사람 아담의 죄로 인해서 계속 우리가 죄인 되고 죄 가운데 살아야 하는가?'

저의 고민은 이러한 생각으로 귀결되었습니다. 하나님은 우리를 사랑하시기 때문에 우리에게 자유를 주시고 선택하게 하셨다는 것이죠.

우리는 죄된 것을 보고 선(善)과 악(惡)을 선택할 수 있습니다. 하나님이 인간을 창조하시고 선악과를 만드셨던 것도 우리에게 자유의지를 주셨음을 보여 줍니다.

하나님의 자녀 된 우리를 향한 이 사랑을 통해 부모 된 우리 역시 자녀에게 자유가 소중하다는 것, 그 자유를 통해 선택하고 성장한다는 것을 생각해 보게 됩니다.

(요한복음 8:31) 그러므로 예수께서 자기를 믿은 유대인들에게 이르시되 너희가 내 말에 거하면 참 내 제자가 되고
(요한복음 8:32) 진리를 알지니 진리가 너희를 자유케 하리라

(요한복음 14:6) 내가 곧 길이요 진리요 생명이니 나로 말미
암지 않고는 아버지께로 올 자가 없느니라

요한복음 14장 6절에 따라 요한복음 8장 32절의 "진리"는
예수 그리스도를 지칭하며, 요한복음 8장 32절은 예수 그리스
도를 온 마음을 다하여 믿으면 그로 말미암아 죄로부터 자유
로워져 기쁨과 평강을 누리게 된다는 의미라고 합니다(출처: 나
무위키).

성령님이 우리 마음 가운데에서 우리를 인도하고 계시기에
우리는 선한 길로 걸어갈 수 있습니다. 악함을 택하고 나서 이
걸 하나님 탓, 환경 탓, 상황 탓, 타인 탓을 할 수는 없는 것이
지요.

하나님의 사랑의 방식에서 우리는 배워야 할 것입니다. 부모
는 자녀에게 사랑의 마음을 줍니다. 그 마음을 아는 자녀는 그
부모가 자신을 사랑해 주는 그 사랑의 마음에서 힘을 얻고 선
택을 해 나갑니다.

부모가 "나는 온유하고 겸손하니 나의 멍에를 메고 내게 배
우라"(마태복음 11:29)고 하신 예수님의 말씀을 삶으로 보인다
면 자녀는 온유함과 겸손함에서 비롯된 부모의 평안함을 평생
유산으로 받게 될 것입니다. 주님께로부터 받은 그 평안함은

어떠한 고난에서도 우리를 일으켜 주지요.

특히 부모의 말이 자녀에게 끼치는 영향은 너무나 큽니다. 인터넷에서 발견한 '부모가 어린 자녀에게 하지 말아야 되는 여섯 가지 말들'을 참고하여 부모가 평소에 좋은 말, 지혜로운 말을 하게 되기를 소망합니다. 말은 곧 습관이므로 결국 좋은 말, 지혜로운 말을 매일매일 습관화하여 내 것으로 삼아야 할 것입니다.

부모가 어린 자녀에게 하지 말아야 되는 여섯 가지 말

❶ 내가 몇 번을 말해야 알아듣겠니?

어린아이들의 뇌는 멀티로 반응하는 것이 어렵습니다. 부모가 여러 번 말을 해도 알아듣지 못하게 되는 경우가 자주 발생할 수 있습니다. 특히 어린 자녀가 다른 일에 집중하고 있다면 부모가 했었던 말도 마치 처음 듣는 말처럼 느끼는 경우도 있습니다.

❷ 남자가 씩씩해야지! (남자아이의 경우)

부모가 남자아이에게 "너는 남자니까 씩씩해야 되고, 눈물도 쉽게 흘려서는 안 돼!"라고 말하게 되는 경우가 있습니다.

하지만 남자아이들도 자주 울 수 있으며, 아직은 작은 어린 아이에 불과합니다. 만일 부모가 아이가 울 때마다 부정적으로 생각하고, 거부하는 모습을 보이게 되면, 아이들의 애착 형성과 감정 발달에 안 좋은 영향을 미치게 됩니다.

❸ 너는 무엇이 그렇게 불만이야!

어린 자녀가 갑자기 떼를 쓰고 짜증을 낼 때마다, 부모가 평정심을 잃고서 "너는 무엇이 그렇게 불만이냐"며 야단을 치는 것도 아이에게 안 좋은 영향을 미치게 됩니다.

❹ 내가 너 때문에 정말 못 살겠다!

"내가 너 때문에 못 살겠다"는 말은 자녀에게 죄책감을 심어주고 자존감마저 떨어뜨리는 말이 될 수 있습니다. 그렇기 때문에 어린 자녀로 인해서 기분이 안 좋을 때에도 이러한 말을 하지 않기 위해 각별한 주의를 기울일 필요가 있겠습니다.

❺ 네가 그렇지 뭐! 결국 이렇게 될 줄 알았다!

위와 같은 말들은 어린 자녀를 크게 위축시키고, 좋은 목표를 이루기 위해 도전하려는 아이의 의지도 꺾는 말이 될 수도 있습니다. 자녀가 부모로부터 이러한 말을 계속 듣게 된다면, 결국 자신은 이것밖에 하지 못하는 사람이라는 한계에만 갇히게 될 수 있습니다.

❻ 나는 너 때문에 살아!

이 말은 얼핏 들으면 부모가 자녀에게 애정을 표현하는 말처럼 보일지 모릅니다. 하지만 이러한 말도 뉘앙스가 잘못되면, 아이에게 큰 부담을 느끼게 할 수 있습니다. 그뿐만 아니라 평소에 부부 사이가 좋지 않은 부모의 경우 아이에게 "너 때문에 산다"라는 말을 자주 하게 되면, 그 말 자체만으로도 자녀에게 큰 압박이 될 수 있습니다. 이처럼 아이를 위해 부모가 얼마나 희생하고 있는지를 계속 알려주는 말들은, 도리어 자녀에게 죄책감을 심어 주게 될 수 있습니다.

(출처: 지식나무 https://contents.premium.naver.com/rla-tngus1987/dlrtm123/contents/221108001724586kv)

세계변혁운동 글로벌 코디네이터 허종학 장로님이 전하는 '자녀 양육 시 주의해야 할 점'도 기억합시다.

자녀 양육 시 주의해야 할 점

- 다른 아이와 비교
- 지나친 과외로 내몰기
- 부모의 스마트 미디어와 TV 몰입
- 부모가 타인(선생님, 목사님, 남편, 아내, 할아버지, 할머니 등) 흉보기
- 자녀가 듣는 데서 부부 싸움
- 언어, 신체 폭력(체벌은 12세 이전에만 가볍게, 감정적이 아닌 사랑의 회초리로 엉덩이만)
- 삶에 녹은 신앙이 아닌 가식적인 신앙생활

신경생물학자 안젤라 더크호스는 말합니다.

부모는 아이에게 먼저 이 네 가지를 확실하게 증명해내야
한다.
첫째, 너를 내 마음대로 행동하게 하려는 것도
둘째, 너를 통제하여 나처럼 만들려는 것도
셋째, 내가 했던 대로 하려는 것도
넷째, 내가 못 이룬 꿈을 대신하여 이루기를 바라는 것도

아니라는 것을.

주님, 저희가 하나님의 말씀에 따라 자녀를 양육하도록 지혜를 주소서.

"또 아비들아 너희 자녀를 노엽게 하지 말고 오직 주의 교훈과 훈계로 양육하라"(에베소서 6:3)

"이는 세상에 있는 모든 것이 육신의 정욕과 안목의 정욕과 이생의 자랑이니 다 아버지께로 좇아 온 것이 아니요 세상으로 좇아 온 것이라 이 세상도, 그 정욕도 지나가되 오직 하나님의 뜻을 행하는 이는 영원히 거하느니라"(요한일서 2:16-17)

"마땅히 행할 길을 아이에게 가르치라 그리하면 늙어도 그것을 떠나지 아니하리라"(잠언 22:6)

매일 생일 축하해

저는 저를 포함한(!) 가족의 생일 파티와 크리스마스를 좋아하는데요.

두 딸의 생일이면 풍선이 등장합니다. 생일에 풍선 장식을 해 주기를 좋아하는 엄마의 선택입니다.

최근 열 번째 생일을 맞은 둘째 딸의 생일에는 큰 케이크 풍선, 꽃 풍선, 하트 풍선 등 여러 풍선이 등장했습니다. 저는 이런 각양각색의 풍선을 생일이 지나도 놔두려 합니다. 다음에 또 사용할 수도 있고 생일을 축하해 주는 그 분위기가 좋아서이기도 합니다.

오늘 아침 HAPPY BIRTHDAY라고 글자별로 몇 년간 우리 집 거실 정면에 붙어 있는 그 풍선 장식을 보면서 이런 생각이 들었습니다.

'생일 축하하는 그 마음으로 아이의 매일을 축복해 주면 좋겠다.'

정말 소중한 아이가 부부의 소중한 만남과 사랑으로 하나님이 설계하신 신비한 탄생의 과정을 거쳐 사랑의 결실로서 태어났고, 우리는 그 기적을 매일매일 마주하고 있습니다. 그 '기적'이 매 순간 새로운 경험을 하며 깨치고 자라면서 부모인 우리에게 기쁨과 배움을 선사해 줍니다.

저는 가끔 이런 생각을 합니다.

'이렇게 아내와 자녀와 함께하는 이 순간이 바로 천국 아닐까.'

늘 이런 감사의 마음을 품고 매일 생일 축하하듯 가족들을 축복해 주며 살아가야겠습니다. 하루하루 우리는 새로이 태어나는 존재니까요. 가정 천국의 소망은 이러한 축복 안에서 이루어질 것입니다.

내가 짓는 죄, 내가 가진 습관

내가 하루에 짓는 죄가 좀 많을까요? 내가 가진 나쁜 습관도 적지 않겠지요.

그런데 내가 이 죄, 이 유혹과 싸우지 않으면 내 자녀가 그것과 싸워야 한다고 합니다. 그러므로 섣불리 죄에, 유혹에 굴복하지 말아야겠습니다.

우주는 대가를 치르도록 설계되어 있기 때문이지요. 죄가 아래로 퍼져 나가고 커져 갑니다.

나쁜 습관도 대물림이 됩니다.

반대로 내가 믿음으로 살면, 좋은 습관으로 살면 그 역시 아래로 아래로 퍼져 나가고 커져 나갑니다.

내가 쓰는 마음 한 자리, 말 한 마디, 행동 하나하나에 유의하지 않을 수 없는 우리 인생의 원리입니다.

그러므로 우리가 믿음의 말, 사랑의 말, 소망의 말을 해야겠습니다. 따뜻한 말, 긍정의 말을 해야겠습니다. 우리의 행위 역시 이런 좋은 말들을 따라야겠습니다.

그처럼 기쁨의 하루, 감사의 하루, 평안의 하루를 우리가 살았을 때에 기쁨과 감사와 평안이라는 그 축복의 유산이 자녀에게 전해지는 줄 믿습니다. 이것은 우리가 주님 안에서, 곧 사랑 안에서 살아갈 때에 받게 되는 가문의 축복입니다.

이러한 점들을 생각해 보면 부모의 하루는 너무나도 귀합니다. 부모 자신에게뿐 아니라 자녀에게도요. 이제, 귀한 하루를 죄된 것, 헛된 것에 허비하지 말아야겠습니다. 오직 예수님 믿고 예수님 따르는 신앙인으로 생명의 삶을 살아야겠습니다.

에필로그
하나님께 순종함으로

"인생 최대의 기쁨은 머리 빗기는 기쁨이죠."
"사랑에 관해서 너무 늦은 때란 건 없어요."

〈레터스 투 줄리엣〉이라는 영화 속 대사입니다. 이 영화는 남녀 간의 로맨스를 다루지만, 위 두 대사는 부모가 꼭 마음속에 심으면 좋을 말입니다.

자녀를 낳고 키우는 것이 부모에게는 최고, 최대의 기쁨입니다. 그리고 사랑은 늦었다는 말을 하지 않습니다. 만약 자녀를 사랑해 주지 않았었다면 지금 사랑하면 됩니다. 그게 지금 부모가 할 수 있는 최선입니다. 그리고 퇴보하지 않는 것입니다. 더 좋은 사랑을 주고, 더 나은 양육을 하는 겁니다.

크리스천 부모의 자녀 사랑과 양육은 한 마디로 뭐라 말할 수 있을까요.

'하나님께 순종하는 것.'

부모가 신앙생활을 잘하고 있다면 자녀 사랑과 양육 역시 잘하고 있을 것이 분명합니다.

크리스천 부모라면 신앙을 빼고 자녀 사랑과 양육을 논할 수가 없습니다. 우리가 자녀 사랑과 양육을 잘 못하거나 잘못하고 있을 때는 우리가 신앙생활에서 벗어나 있을 때일 것입니다. 이것은 제가 줄곧 경험한 바이기도 합니다.

세상 방식을 따라 하려고 하거나 욕심과 고집을 부리거나 이기적으로 되거나 할 때는 어김없이 신앙생활에서 벗어나 있었습니다.

하나님은 성경을 통해 우리에게 이미 자녀 사랑과 양육을 위한 지혜를 주셨습니다. '크리스천 부모의 자녀 사랑과 양육'을 위한 저의 글들은 모두 근본적으로 우리가 하나님께 순종할 때에 성취가 될 것입니다.

하나님께 전적으로 순종함으로 믿음생활을 강하고 담대하게 해 나감으로써 부모가 행복하고 자녀가 행복한 복된 가정을 이루시기를 축복드립니다.

복 있는 부모의 기도

하나님 아버지, 제게 웃음이 되고 힘이 되고 기쁨이 되고 보람
이 되는 이 귀하고 소중한 자녀를 보내 주셔서 감사합니다.

제가 늘 하나님께 순종하는 복 있는 부모 되어 매일매일 하
나님 뜻 안에서 가정 천국을 이루어 갈 수 있도록 인도해 주
옵소서.

주님이 주시는 맑고 밝고 큰 마음으로 자녀와 함께 기도하
고 웃고 이야기하며 복된 삶을 살아가기를 원합니다.

그리하여 부모는 부모대로, 자녀는 자녀대로 주님 안에서
기쁨과 감사로 자신의 사명을 감당하고, 자신의 은사를 발휘
하며 살아가게 하소서.

이 땅에서 살아가는 것이 단지 이 세상, 이 시간에 사는 것
이 아니라 하나님 나라, 영원한 생명에 거하는 것임을 알고 주
님이 주시는 영적인 눈으로 저 자신과 자녀, 이 세상, 이 인생
을 바라보고 대하게 하소서.

지나온 모든 것이 하나님의 은혜였으며, 오늘도 내일도 오직
하나님 뜻 안에 있음을 믿습니다. 저의 자녀 또한 전적으로 하
나님께 맡겨 드립니다.

모든 것 감사드리며, 길이요 진리요 생명이신 예수님의 이
름 받들어 기도드립니다. 아멘.

복 있는 부모는
자녀 교육은 부모의 크기만큼

초판 1쇄 발행 2024년 2월 28일

지은이 | 정민규(루카스 제이 Lukas Christian Jay)
발행인 | 정민규
편 집 | 정민규
디자인 | 담아

발행처 | 또또규리
출판등록 | 2020년 7월 1일 (제409-2020-000031호)

이메일 | aiminlove@naver.com
유튜브 | ttottokyuri
인스타 | ttottokyuri
홈페이지 | https://blog.naver.com/ttottokyuri

ISBN 979-11-92589-70-1 (03230)

네 나이에 알았더라면
인생이 달라졌을 거야

사랑하는 자녀에게 꼭 전해 주고 싶은
부모의 인생편지

⋮

인생을 살아갈 때
꼭 필요한 마음자세,
생활습관 등에 대한
부모의 인생편지 24통

정민규(루카스 제이) 지음 | 10,000원

청소년과 부모가 함께 읽고 느끼고 배우도록
이 시대에 필요한 지혜의 내용을 담았습니다.

또규리   세상에 필요한 책을 만듭니다

인생을 나름대로
고생하고 고민하고 고심하며
살아 본 사람은 안다.

인생 그것 참 모순투성이라는 것을.

사람이 그렇고,
세상이 그렇다.

또또규리   세상에 필요한 책을 만듭니다

우리가 살면서 가장 크게 영향을 끼치는 일,
운전
그 중요한 운전을 인생과 함께 통찰한
최초의 에세이
개인의 반성에서 시작해 사회의 변화를 도모하는
사회적 에세이

인생과 운전

정민규(루카스 제이) 지음

"인생과 운전은 비슷한 면이
참 많구나"

인생도 잘 살고 운전도 잘하고
싶은 사람을 위하여

이 책을 읽으면 좋은 사람

- 인생도 잘 살고, 운전도 잘하고 싶은 사람
- 운전은 오래 했지만 모범적이지 않은 사람
- 운전면허 시험에 합격한 사람
- 이제 막 연수나 운전을 시작한 사람
- 운전하면서 스트레스를 많이 받는 사람
- 급하게, 거칠게, 난폭하게 운전하는 사람
- 운전하면 사람이 달라진다는 사람
- 운전하면 입이 험해지는 사람

또또규리

또또규리 출판사의 도서목록

인생과 운전
인생을 운전하는 우리를 위하여
정민규(루카스 제이) 지음 | 값 17,000원

우리가 살면서 가장 크게 영향을 끼치는 일, 운전. 그 중요한 운전을 인생과 함께 통찰한 최초의 에세이. 개인의 반성에서 시작해 사회의 변화를 도모하는 사회적 에세이. 우리 모두의 안전과 성숙을 위하여 운전대를 잡는 자신과 가족, 이웃에게 이 책을 선물해 주세요.

네 나이에 알았더라면 인생이 달라졌을 거야
사랑하는 자녀에게 꼭 전해 주고 싶은 부모의 인생편지
정민규(루카스 제이) 지음 | 값 10,000원

부모의 삶은 자녀에게 교훈으로 전수되어야 합니다. 부모의 시행착오가 자녀에게 약이 되도록 말이지요. 이 책은 인생을 살아갈 때 꼭 필요한 마음자세, 생활습관 등에 대한 부모의 인생편지 24통을 모은 것입니다. 이 안에 부모의 인생경험, 인생공부가 압축되어 있습니다. 이 시대에, 특히 한국 사회에서 갖추어야 할 삶의 지혜를 담았습니다.

사는 게 낯설 때
아이러니를 알고 삶에 대응하기
정민규(루카스 제이) 지음 | 값 15,000원

사는 게 낯설 때가 옵니다. 방향을 전환해야 할 때입니다. 이때 삶과 사람을 아이러니의 관점으로 볼 줄 알아야 합니다. 아이러니를 알고 삶에 대응하는 것입니다. <사는 게 낯설 때>에서는 순간순간 삶에서 아이러니로 다가온 현상들을 살펴봅니다. 현상을 다른 시선으로 바라볼 때 변화를 모색해 볼 수 있습니다.

글 쓰는 마음
글 쓰기 전에 마음부터 준비하기
정민규(루카스 제이) 지음 | 값 10,000원

좋은 글이란 무엇일까요? '좋은 마음을 나누는 글'일 것입니다.
강건한 삶을 살고 강건한 글을 쓸 수 있다면, 담대한 삶을 살고 담대한 글을 쓸 수 있다면, 유머 있는 삶을 살고 유머 있는 글을 쓸 수 있다면. 그렇게 쓰인 그 글들은 글쓴이의 마음에 들 것입니다. 독자들의 마음에 드는 일은 말할 것도 없겠지요. 그리고 이것은 글쓰기를 위한 마음 준비가 된 사람만이 누릴 수 있는 기쁨과 보람일 것입니다. 작은 이 책을 통해 그 큰 기쁨과 보람을 만나 보시길 바랍니다.